Grünke/Stöcker • Binnencharter

Britt Grünke / Detlef Stöcker

BINNENCHARTER

Mit aktueller Rechtslage zum Charterschein

IMPRESSUM

Einbandgestaltung: Katja Draenert

Titelbilder: Britt Grünke und Detlef Stöcker

Bildnachweis: Alle Bilder, soweit nicht anders vermerkt:
Britt Grünke und Detlef Stöcker
Illustrationen: Britt Grünke

Eine Haftung des Autors oder des Verlages und seiner
Beauftragten für Personen-, Sach- und Vermögensschäden
ist ausgeschlossen.

ISBN 3-613-50496-0
ISBN 978-3-613-50496-7

Copyright © by Pietsch Verlag, Postfach 103743,
70032 Stuttgart
Ein Unternehmen der Paul Pietsch Verlage GmbH + Co
1. Auflage 2006

Sie finden uns im Internet unter www.pietsch-verlag.de

Nachdruck, auch einzelner Teile, ist verboten. Das Urheberrecht und sämtliche weiteren Rechte sind dem Verlag vorbehalten. Übersetzung, Speicherung, Vervielfältigung und Verbreitung einschließlich Übernahme auf elektronische Datenträger wie CD-ROM, Bildplatte usw. sowie Einspeicherung in elektronische Medien wie Bildschirmtext, Internet usw. sind ohne vorherige schriftliche Genehmigung des Verlages unzulässig und strafbar.

Lektorat: Martin Gollnick
Druck und Bindung: KoKo Produktionsservice s.r.o.,
CZ-Ostrava
Printed in Czech Republic

Inhalt

Vorwort	7
Einleitung	8
Gesetzliche Grundlagen	10
Führerscheinfreiheit – Führerscheinpflicht	10
Charterschein-Reviere	11
Grundlagen der Bootsführung	15
Gas- und Schalthebel	16
Die Bootssteuerung	16
Antriebsarten	17
Außen- und Innensteuerstand	18
Ausweich- und Vorfahrtsregeln	19
Begegnung an Engstellen	24
Positionslichter	25
Was schwimmt denn da?	25
Schifffahrtszeichen	27
Verkehrszeichen	27
Betonnung des Fahrwassers	30
Sondertonnen/Sperrtonnen	34
Gefahrentonnen im Kardinalsystem	35
Schallsignale	38

INHALT

Sicherheitsratschläge und -ausrüstung	**40**
Rettungsmittel und Schwimmwesten	40
Was ist zum eigenen Schutz zu beachten?	42
Seemannschaft/Crewwissen	**46**
Kommandos	49
Knotenkunde	52
Bootsfahrpraxis	**55**
Vor dem Ablegen	55
Ab- und Anlegen	57
Geradeausfahrt	63
In Fahrtrichtung aufstoppen	63
Wenden auf engem Raum	63
Mann-über-Bord-Manöver	66
Schleusen und Selbstbedienungsschleusen	69
Ankern	73
Tanken	75
Wetterkunde	**76**
Wie erkenne ich die Wetterentwicklung?	76
Natur- und Umweltschonung	**79**
Zehn goldene Regeln	81
Schmutzwasser und dessen Entsorgung	84
Flüssiggasanlagen und ihr Einsatz	84
Bordausrüstung	**85**
Instrumente	85
Bordelektrik/Landstromanschluss	86
Wasseranlage	87
Bordtoilette	88
Heizung	89
Kühlbox/Kühlschrank	89
Übersichtstafeln	**90**
Hausbootfahrpraxis	90
Brückendurchfahrten	91
Längsseits anlegen	92
Eindampfen in die Spring	93
Wenden auf engem Raum	94
Schleusen	95

VORWORT

Vorwort

Stellen Sie sich vor, Sie könnten einfach an Bord einer Motoryacht steigen und die Leinen loswerfen, losfahren und die Seele baumeln lassen. Eine Utopie? Keineswegs!
Im Gegensatz zu Reisen mit Wohnmobilen, Caravans und Zelten, beginnt die Erholung an Bord eines Kajütbootes sofort, nachdem Sie an Bord gegangen sind, und nicht erst am Zielort. Keine überfüllte Autobahn, kein nervenaufreibender Stau hindern den Wasserwanderer. Deutschland verfügt über mehr als 15 000 Kilometer Bundes- und Landeswasserstraßen. Nur wenige Menschen in Deutschland leben weiter als 50 Kilometer vom nächsten für wassersportliche Aktivitäten nutzbaren Gewässer entfernt. Das sind paradiesische Zustände.
Der Einstieg in die Kajütbootfreizeit ist nicht schwierig. Seit es nun auch in Deutschland erlaubt ist, Ferienhausboote ohne den Sportbootführerschein Binnen zu fahren, buchen immer mehr Menschen ihren Urlaub auf unseren schönen Gewässern.
Dieses Buch soll Ihnen ein nützlicher Berater und Trainer sein, ohne zu schulmeistern. Gründlich und kurzweilig weisen wir Sie in die Theorie und Praxis des Hausbootfahrens ein. Nachdem wir schon viele Reisen mit führerscheinfreien Yachten – sogar quer durch Deutschland – durchgeführt haben, wissen wir genau, worauf es ankommt. Ihnen dies zu vermitteln, ist unser Ziel, aus der Praxis, für die Praxis. Befreit vom Amtsdeutsch, führen wir Sie Schritt für Schritt in die sichere Beherrschung von Ferienhausbooten ein und damit in die wohl schönste Art des Urlaubs: Ferien auf dem Hausboot.
In diesem Sinne: Mast und Schotbruch, allzeit gute Fahrt und immer eine Handbreit Wasser unter dem Kiel!

Britt Grünke und Detlef Stöcker

Autoren-Homepage Britt Grünke und Detlef Stöcker:
www.wasserwanderungen.de

EINLEITUNG

Einleitung

Seit dem 01.05.2004 gibt es endlich auch in Deutschland eine solide gesetzliche Grundlage, auf der wir auf bestimmten Wasserstraßen Charteryachten – auch Hausboote genannt – fahren dürfen, ohne im Besitz eines Sportbootführerscheins Binnen sein zu müssen. Die Hausboote dürfen bis zu 15 Meter lang sein, eine Höchstgeschwindigkeit von 12 Kilometern pro Stunde erreichen und mit bis zu zwölf Personen an Bord von Chartergästen ohne den besagten Sportbootführerschein Binnen gefahren werden. Das notwendige Wissen wird in einer etwa dreistündigen Einweisung durch den Vercharterer oder dessen Beauftragten vor Ort vermittelt. Es steht aber auch in diesem Buch, mit dem Sie sich auf Ihren ersten Hausboot-Urlaub vorbereiten können und das durchaus auch dazu gedacht ist, als Nachschlagewerk mit an Bord zu gehen.

Nach der Einweisung erhalten Sie ihren umgangssprachlich so genannten »Charterschein«, der amtlich »Charterbescheinigung« heißt. Die Charterbescheinigung ist in der Folge ausschließlich für diese eine Reise gültig, die Sie im Anschluss an die Einweisung antreten, und stellt keinen Freifahrtschein für zukünftige Hausbootreisen aus. Sollten Sie bei Ihren ersten Hausbootferien auf den Geschmack gekommen sein, empfehlen wir Ihnen des-

Auch wenn es auf der Reise einmal regnen sollte, der Salon eines Hausbootes bietet behagliches Ambiente.

EINLEITUNG

Langsam dem abendlichen Ankerplatz entgegen.

halb den Erwerb des Sportbootführerscheins Binnen, da Sie während Ihres Charterurlaubs sicherlich eine solide Basis erwerben, die Ihnen bei der Ausbildung und Prüfung zu diesem Sportbootführerschein von unschätzbarem Wert sein wird.
»Langsam weitet sich das grüne Dach der Uferbäume und gibt den Blick auf eine große weite Wasserfläche preis, ein See lädt zur Unterbrechung der Reise, zum Sonnen und Baden...« So oder so ähnlich werden Sie Ihre Freizeit auf dem Wasser erleben können.
Sie finden in diesem Buch sämtliche Informationen, Hilfestellungen und Anleitungen, die Sie benötigen, um ein führerscheinfreies Charterhausboot erfolgreich und sicher steuern und führen zu können. Wir reden hier nicht dem Leichtsinn das Wort, selbstverständlich brauchen Sie das nötige Rüstzeug, um ein Boot sicher und verantwortungsbewusst steuern zu können, denn: »Führerscheinfrei bedeutet nicht wissensfrei«. Sie können sich und Ihre Mitreisenden mit diesem Werk in aller

Ruhe im Selbststudium zu Hause vorbereiten und sich dann vorsichtig an das Fahren eines Bootes herantasten. Bei der Einweisungsfahrt durch Ihren Vercharterer erhalten Sie das nötige praktische Wissen. Bedenken Sie bei Ihren ersten Fahrten: »Es gibt nur zu schnell – nie zu langsam.« Und das gilt ganz besonders beim An- und Ablegen.
Bleiben Sie locker, entspannt und freundlich, wenn Sie Ihre Mitreisenden für ein An- oder Ablegemanöver einteilen. Auch diese haben Urlaub und wollen sich in ihrer freien Zeit nicht einem despotischen »Käpt'n Ahab« oder »Bligh« unterwerfen. Wenn Sie am Ruder stehen, verpatzen nicht Ihre Mitreisenden, die in diesem Fall als »Ihre Crew« bezeichnet werden könnten, die Manöver, sondern meist Sie selbst, denn Sie steuern den Kahn – alles klar? Wollen Sie also die Schuld für ein verpatztes Manöver auf jemand anderen abwälzen, lassen Sie ein anderes Crewmitglied ans Steuer und bedienen Sie selbst die Vor- oder Heckleinen!

Gesetzliche Grundlagen

■ Führerscheinfreiheit – Führerscheinpflicht

In Deutschland ist auf Bundes- und Landeswasserstraßen sowie den Gewässern im Gültigkeitsbereich der Rhein-, Mosel- und Donau-Schifffahrtspolizeiverordnung für das Führen von Booten mit einer Motorleistung von 3,69 kW (5 PS, gemessen am Antriebspropeller) oder mehr und einer Länge bis zu 15 Meter der Sportbootführerschein Binnen erforderlich. Sollten Sie

Hausboot im Brandenburg-Mecklenburger Charterscheinrevier.

CHARTERSCHEIN-REVIERE

mit einem Boot unterwegs sein, das kürzer ist als 15 Meter und lediglich über eine Motorleistung von unter 3,69 kW (5 PS) verfügt, benötigen Sie auch außerhalb der regionalen Begrenzung der ausgewiesenen Chartercheinreviere keinen Sportbootführerschein Binnen. Wer sich für den Segelsport interessiert, muss wissen, dass in Deutschland auf den Binnenschifffahrtsstraßen ausschließlich im Bundesland Berlin der »amtliche Sportbootführerschein Binnen – Segel« vorgeschrieben ist. Auf allen anderen Bundes- und Landeswasserstraßen sowie den deutschen Seeschifffahrtsstraßen gibt es keinen amtlich verlangten »Segelschein«. Ein Segelfahrzeug, das mit einem Hilfsmotor ausgerüstet ist, gilt bei Motorfahrt als Kleinfahrzeug mit Maschinenantrieb und wird damit vom Gesetzgeber wie ein Motorboot beziehungsweise eine Motoryacht behandelt. Damit ist auch bei einem Segelboot mit einer maschinell erbrachten Antriebsleistung von über 3,69 kW und einer Länge von bis zu 15 Metern der Sportbootführerschein Binnen erforderlich.

■ Charterschein-Reviere

Durch die Erstbefahrung der vier Ströme Deutschlands von der Donau zum Rhein über den Mittellandkanal bis zur Elbe und weiter über die Oder bis Stettin/Szczecin sowie auf der Ostsee bis Rostock mit seiner 8,20 Meter langen Sportina-760-Segelyacht mit einem auf unter die Führerscheinfreigrenze von 3,69 kW gedrosselten Nanni-Diesel-Einbaumotor trat das Autorenteam Grünke/Stöcker im Sommer 2003 den Beweis an, dass es möglich ist, mit einem Boot nennenswerter Größe weite Reisen zu unternehmen und auch schnellfließende Gewässer sicher zu befahren, ohne im Besitz eines Sportbootführerscheins Binnen zu sein. In dem Buch »Führerscheinfrei durch Deutschland« (2004) können Sie diese abenteuerliche Reise selbst nacherleben.

Die Reviere, für welche Hausbootkapitäne keinen Führerschein brauchen, verteilen sich über ganz Deutschland. Sie umfassen im

Süd-Westen
die Saar von Saarbrücken bis zur Grenze nach Frankreich und im

Westen
die Lahn von Lahnstein bis Steeden. Am umfangreichsten unter diesen Revieren jedoch ist das große zusammenhängende Fluß- und Seengebiet im Nord-Osten Deutschlands. Mehrere hundert Kilometer naturnaher Wasserwege und Seen erwarten Sie in Brandenburg, Mecklenburg-Vorpommern und Sachsen-Anhalt. Im Einzelnen dürfen Sie im

Nord-Osten
führerscheinfrei Hausboot fahren auf folgenden Gewässern:
- Saale zwischen Schleuse Trotha und Rischmühlenschleuse.
- Rüdersdorfer Gewässer vom Dämmeritzsee bei Erkner bis zur Schleuse Woltersdorf und der Löcknitz.
- Gosener Kanal und Seddinsee von Erkner bis Schmöckwitz am südlichen Ende des Seddinsees.
- Dahme-Wasserstraße vom Krimnicksee bei Zernsdorf bis zum Wasserstraßenkreuz Prieros, einschließlich den Storkower Gewässern bis zum Scharmützelsee und den Teupitzer Gewässern.

GESETZLICHE GRUNDLAGEN

- Neuhauser Speisekanal von der Einmündung in die Spree-Oder-Wasserstraße bis zum Wergensee.
- Drahendorfer Spree von der Einmündung in die Spree-Oder-Wasserstraße bis zum Wergensee.
- Finowkanal von Zerpenschleuse Einmündung des Finowkanal in den Oder-Havel-Kanal bis Liepe.
- Werbelliner Gewässer von Kilometer 4, kurz vor der Einmündung in die Havel-Oder-Wasserstraße, bis Joachimsthal Elsenau am Nordende des Werbellinsees.
- Obere Havel-Wasserstraße von Schleuse Liebenwalde bis zur Müritz-Havel-Wasserstraße, einschließlich Zierker See, Wentower-, Templiner- und Lychener Gewässer sowie dem großen Labussee.
- Müritz-Havel-Wasserstraße von Priepert bis zur Müritz, einschließlich Rheinsberger und Zechliner Gewässer.
- Müritz-Elde-Wasserstraße von Rechlin bis Dömitz, einschließlich Müritzarm bis Buchholz.
- Stör-Wasserstraße vom Eldedreieck bis zum Nordende des Schweriner Sees beim Ort Hohen Viecheln.
- Peene von Malchin bis Demmin.

Die Charterbescheinigung berechtigt nicht zum Fahren eines eigenen Bootes in den Revieren, auch nicht in den Revieren, in denen die Charterbescheinigung Gültigkeit hat. Sie ist an das gemietete Hausboot und die Mietdauer für eine einmalige (auch mehrtägige Nutzung) gebunden. Für die großen Seen der Mecklenburger Seenplatte gelten weitere Vorschriften, so ist auf den Oberseen zwischen den Orten Klink und Lenz und dem Schweriner See die Überfahrt nur in der betonnten Fahrrinne und nur bei Windstärken unter vier Beaufort erlaubt. Zudem müssen hier alle Personen an Bord eine Rettungsweste tragen, die für jedes Crewmitglied zur Ausrüstung des Hausbootes gehört. Für den Plauer See und die Müritz ist darüber hinaus die telefonische Anfrage beim Charterunternehmen nach Wind und Wetter sowie die telefonische Meldung der erfolgreichen Überquerung beim Vercharterer vorgeschrieben. Die Müritz darf nur am Westufer entlang der grünen Betonnung überquert werden. Für die vorgenannten Seen ebenso wie für den Kummerower See gilt für Hausbooturlauber, die mit der Charterbescheinigung auf Reise gehen, bei Windstärken über vier Beaufort ein absolutes Befahrensverbot, auch wenn Skipper mit eigenen, privaten Booten die Seen noch scheinbar mühe- und gefahrlos überqueren. Diese verfügen über den Sportbootführerschein Binnen, und somit reicht deren Ausbildung und Fachwissen, vor allem aber deren längere Fahrpraxis über den Ausbildungsstand von Hausbootskippern mit Charterbescheinigung deutlich hinaus. Es empfiehlt sich daher, wenn Sie dem Wassersport treu bleiben und öfter fahren wollen, den Sportbootführerschein Binnen zu erwerben.

CHARTERSCHEIN-REVIERE

Führerscheinfreie Hausbootreviere

- Mecklenburg-Vorpommern
- Brandenburg
- Rheinland-Pfalz
- Sachsen-Anhalt
- Saarland

Beispielyachthäfen mit führerscheinfreier Charterbasis

Marina Wolfsbruch-Rheinsberg
Marina Fürstenberg
Stadthafen Waren/Müritz
Wasserwanderrastplatz Matzlow-Garwitz
Marina Lychen
Stadtmarina Lübz

Charterscheinrevier Mecklenburg und Nordbrandenburg

GESETZLICHE GRUNDLAGEN

Charterscheinrevier Märkische Gewässer

Charterscheinreviere Lahn und kanalisierte Saar

Die Kennzeichnungen in den Karten zeigen die Gewässer, die Sie mit dem Charterschein befahren dürfen. Für Hausbootfahrer gelten besondere Vorschriften.

Grundlagen der Bootsführung

Ein Boot fährt sich anders als ein Auto. Es gibt da einige Unterschiede im Verhalten der Fahrzeuge, die zwar in der Regel keine gravierende Probleme darstellen dürften, die Sie aber doch zumindest kennen sollten, um sich auf das veränderte Fahrverhalten einstellen zu können.

Im Gegensatz zu einem Auto, das mit seinen vier Rädern auf einem festen Untergrund steht, schwimmt ein Hausboot. Es besteht nur dann eine feste Verbindung mit dem Land, wenn die Yacht mit Stricken, die wir Seefahrer »Festmacher« nennen, am Ufer oder am Steg angebunden ist, oder wenn Sie gestrandet sind. Bei allen anderen Gegebenheiten ist es dem Hausboot also nicht möglich, Energie für das Beschleunigen, Lenken oder Bremsen auf einen festen Untergrund zu übertragen. Deshalb ereignen sich Schiffs- und Bootsbewegungen im Vergleich zum Auto immer mit einer gewissen Verzögerung.

Legen Sie nicht an Ufern an, die mit Steinbefestigungen gesichert sind. Sie laufen sonst Gefahr, den Propeller zu zerstören und/oder den Bootsboden zu beschädigen.

GRUNDLAGEN DER BOOTSFÜHRUNG

■ Gas-/Schalthebel

Es gibt an Bord kein Bremspedal mit einer angeschlossenen Bremse. Die Vorwärtsbewegung eines Wasserfahrzeuges wird durch das Einlegen des Rückwärtsganges abgebremst, gegebenenfalls bis zum Stillstand. Wir nennen dies Aufstoppen. Zum Aufstoppen wird der Gas-/Schalthebel aus der Stellung »Vorwärtsfahrt« zunächst ausgekuppelt. Dann warten Sie etwa zwei Sekunden (zählen Sie 21, 22) und legen jetzt erst den Gas-/Schalthebel in Position »Rückwärtsfahrt«. Nun dreht der Antriebspropeller in die entgegengesetzte Richtung wie bei der Vorwärtsfahrt. Wenn wir jetzt den Gas-/Schalthebel weiter in der auf Rückwärtsfahrt eingekuppelten Stellung durchdrücken, erhöht sich die Motordrehzahl. Dadurch dreht der Propeller schneller und bremst das Hausboot spürbar ab. Der Gas-/Schalthebel ist ein so genannter »Einhebelschalter«. Das bedeutet, dass mit nur einem Schalthebel das Getriebe auf »Vorwärts« oder »Rückwärts« eingekuppelt wird und sich dabei durch weiteres Schieben des Gas-/Schalthebels in die gewünschte Fahrtrichtung die Motordrehzahl stufenlos erhöht. Wird die Motordrehzahl erhöht, dreht sich – entweder voraus oder achteraus (rückwärts) – auch der Antriebspropeller schneller, was eine stärkere Beschleunigung oder Verzögerung sowie eine schnellere Fahrt nach sich zieht. Sie erkennen daraus, dass es folglich auch kein Gas- oder Kupplungspedal gibt.

■ Die Bootssteuerung

Die Steuerung nach links (Backbord) oder rechts (Steuerbord) wird mit dem Lenkrad vorgenommen, indem Sie an diesem nach links für eine Linkskurve oder nach rechts für eine Rechtskurve drehen. Allerdings schwenkt ein Wasserfahrzeug doch deutlich anders als ein Auto in die Kurvenfahrt ein. Während beim Auto die gelenkten Räder vorne sind und der Lenkeinschlag in der vorderen Hälfte erfolgt, sitzt beim Hausboot das Ruder hinten im Heck. Vor dem Ruder befindet sich der Antriebspropeller. Wir haben also beim Wasserfahrzeug einen Heckantrieb mit Hecklenkung, was bedeutet, dass sich der hintere Teil des Bootes aus der Kurve heraus in die entgegengesetzte Richtung unseres Lenkeinschlages bewegt und dadurch die vordere Hälfte des Wasserfahrzeugs in die gewünschte Richtung des Lenkeinschlags drückt. Das klingt kompliziert, doch Sie kennen diese Erscheinung vom rückwärts Einparken. Achten Sie deshalb beim Lenken des Hausbootes darauf, dass Sie im Heckbereich genügend Freiraum haben und nirgends anstoßen.

Der Gas-/Schalthebel (links unten im Bild) wird mit einer Hand bedient.

ANTRIEBSARTEN

Merke: Ein Hausboot wird ohne Pedale gefahren, der Gas-/Schalthebel ist das einzige Bedieninstrument für die Wahl der Fahrtrichtung (vorwärts oder rückwärts) und der Geschwindigkeit. Es gibt kein Schaltgetriebe wie beim Auto, Hausboote haben nur zwei »Gänge«, einen für Vorwärtsfahrt und einen für die Rückwärtsfahrt und zum Bremsen. Die Motordrehzahl regeln Sie mit dem Gas-/Schalthebel, indem Sie diesen nach dem Einkuppeln des Ganges in Voraus- oder Achterausfahrt in gleicher Richtung weiter drücken. Die Lenkung eines Hausbootes erfolgt vom hinteren Ende, dem Heck. Deswegen schert das Heck beim Lenken aus.

■ Antriebsarten

Einbaudiesel mit starrer Welle

Die meisten Charteryachten werden von Einbaudieselmotoren mit konventioneller Kraftübertragung angetrieben. Das bedeutet, dass der Motor und das angeschlossene Wendegetriebe eine gerade Propellerwelle antreiben, die, nachdem sie durch den Bootsboden herausgeführt wurde, den Propeller antreibt. Damit durch den Rumpfdurchbruch kein Wasser eindringt, ist die Propellerwelle an dieser Stelle mit einer Wellendichtung abgedichtet. Der vom Motor bis zum Propeller gerade verlaufende Antriebsstrang ist äußerst robust und störunanfällig. Der Dieselmotor ist drehmomentstärker als ein Benziner und entfaltet sein maximales Drehmoment schon bei niedrigen Drehzahlen. Der Antriebspropeller kann deshalb größer sein als bei einem Ottomotor (Benzinmotor), und ein großer, langsam drehender Propeller bringt mehr Kraft ins Wasser als ein kleiner, schnell drehender Propeller. Vor allem aber hat der Dieselmotor im Yacht- und Hausbootbereich zwei weitere unschlagbare Vorteile: Diesel kann nicht explodieren, und Dieselmotoren können mit Pflanzenöl betrieben werden. Die ersten Charterbetriebe haben bereits Yachten und Hausboote auf die besonders umweltverträgliche Treibstoffvariante Pflanzenöl umgerüstet. Mittelfristig werden wohl die meisten Charteryachten auf diesen Naturtreibstoff umgerüstet, da Pflanzenöl zum einen keine Gefährdung für die Gewässer darstellt und zum anderen durch die hohen Dieselpreise auch noch deutlich billiger ist. Gerade auf Wasserstraßen, dem ökologisch sensibelsten Bereich des motorisierten Verkehrs, dürfte der Naturtreibstoff Pflanzenöl in den nächsten Jahren beachtliche Zuwachsraten erzielen. Für die Fahrten mit unserer Sportina 760, über die wir in unseren Büchern »Wasserwanderungen durch Mecklenburg« (2003) und »Führerscheinfrei durch Deutschland« (2004) berichteten, verwendeten wir einen auf Pflanzenöl umgerüsteten Nanni-Dieselmotor und waren von den Fahrleistungen, der Preiswürdigkeit des Treibstoffs und dem beinahe emissionsfreien Lauf des Motors absolut begeistert.

Außenborder im Schacht

Kleinere Hausboote unter neun Metern Länge werden teilweise mit Viertakt-Außenbordmotoren angetrieben. Meist sind

GRUNDLAGEN DER BOOTSFÜHRUNG

die Außenbordmotoren nicht sichtbar, weil sie in einem Motorschacht verdeckt eingebaut wurden. Bei diesen Booten ist besondere Vorsicht beim Tanken erforderlich, da Benzin der höchsten und schädlichsten Gewässergefährdungsklasse zugeordnet ist, und außerdem kann Benzin explodieren. Die Hausboote mit Außenbord-Schachtmotoren unterscheiden sich in den Fahreigenschaften erheblich von Hausbooten mit Dieseleinbaumotoren. Meist sind die kleinen Hausboote deutlich schmaler, die Breite liegt in der Regel bei nur 2,5 Metern. Dennoch ragen die Kajütaufbauten hoch aus dem Wasser, was diesen Bootstypen bei Wind sehr schlechte Fahr- und Manövriereigenschaften beschert. Der Hauptunterschied im Fahrbetrieb liegt jedoch darin, dass ein Hausboot mit Außenbordmotor anders gefahren werden muss als ein Hausboot mit fest installiertem Einbau-Dieselmotor. Wenn ein Außenborder ausgekuppelt wird, hat das Hausboot keine Lenkung mehr, da der Motor, Getriebe und Propeller als Ganzes gedreht wird und nur Lenkwirkung erzielt wird, wenn sich der Propeller dreht, also eingekuppelt ist. Ein Umstand, der besonders Anfängern das Fahren etwas erschwert.

■ Außen- und Innensteuerstand

Häufig gibt es auf Hausbooten zwei unterschiedliche Steuerstände, einen Außen- und einen Innensteuerstand. Der Außensteuerstand befindet sich, wie der Name schon andeutet, im Freien, also außen. Meist liegt dieser äußere Fahrstand im Heckbereich des Hausbootes und steht etwas erhöht. Das hat folgende Vorteile: Der Rudergänger hat beim Fahren das gesamte Hausboot vor sich in seinem Sichtbereich. Daher hat dieser immer alles im Überblick. Die schon erwähnte Ausscherbewegung eines Bootes beim Lenken wird vom Heckfahrstand aus besser wahrgenommen und ermöglicht ein intuitiveres Fahren, als dies vom Innenfahrstand aus möglich wäre. Vor allem jedoch bietet der Außenfahrstand den Vorteil, beim Einfah-

Der Außenfahrstand.

AUSWEICH- UND VORFAHRTSREGELN

Nur auf freien Gewässern und bei starkem Regen empfiehlt es sich, das Boot vom Innensteuerstand aus zu lenken.

ren oder Verlassen einer Schleuse beziehungsweise beim An- oder Ablegen den direkten Sicht- und Rufkontakt zur Crew zu haben. Daher ist der Außenfahrstand, wann immer es möglich ist, dem Innenfahrstand vorzuziehen. Auch bei Regen empfehlen wir, den Außenfahrstand zu nutzen, wenn geschleust oder angelegt wird. Zum einen ist vom Außenfahrstand ein sichereres Fahren möglich, und zum anderen zeigt sich der Rudergänger solidarisch mit den Crewmitgliedern, die Vor- und Heckleinen bedienen, was einem guten Crewklima zuträglich ist. Folglich sollte der Innenfahrstand nur bei stärkerem Regen und bei Fahrten weit weg vom Ufer benutzt werden.

Der Innenfahrstand befindet sich meist in Schiffsmitte oder sogar im Bugbereich, also im vorderen Drittel des Bootes. Die Rundumsicht ist in den allermeisten Fällen stark eingeschränkt, und das Ausscheren des Hecks wird kaum oder sogar gar nicht wahrgenommen, sodass stets die Gefahr der Kollision mit einer Schleusenwand oder der Uferbefestigung gegeben ist, insbesondere bei eher ungeübten Rudergängern.

■ Ausweich- und Vorfahrtsregeln

§ 1 der Binnenschifffahrtstraßenordnung sagt aus, dass jeder sich so zu verhalten hat, dass kein Anderer geschädigt, gefährdet oder mehr als den Umständen entsprechend notwendig behindert wird. Eine kluge Formulierung, welche die Basis des einvernehmlichen Miteinanders auf schiffbaren Gewässern bildet. Daher lautet unsere Regel Nr. 1: »Von allem, was größer ist als wir, bleiben wir fern, über alles, was kleiner ist, fahren wir nicht drüber!«

Sie dürfen mit der Charterbescheinigung Boote bis zu 15 Metern Länge fahren, damit fehlen Ihnen die fünf wesentlichen Meter für die eingebaute Vorfahrt. Die Binnenschifffahrtstraßenordnung unterscheidet zwischen Schiffen über 20 Meter Länge und darunter. Schiffe mit einer Länge von weniger als 20 Metern gelten als Kleinfahrzeuge, und ein solches fahren wir als Sportbootskipper. Da wir also Kleinfahrzeuge fahren, weichen wir allen Fahrzeugen aus, die größer sind als wir.

Generell gilt auch auf Wasserstraßen ein Rechtsbegegnungsgebot wie auf den Stra-

GRUNDLAGEN DER BOOTSFÜHRUNG

ßen an Land. Das bedeutet, wenn Ihnen ein anderes Fahrzeug entgegenkommt, passieren Sie dieses so, dass es links an Ihnen vorbeifährt, also genauso wie im Straßenverkehr.

Grundsätzlich gilt ferner, dass Segelfahrzeuge mit gesetztem Segel und ohne eingeschalteten Motor Vorrang vor maschinengetriebenen Fahrzeugen haben. Es gibt nur einen Fall, in dem ein Segelfahrzeug unter Segeln ausweichpflichtig gegenüber Kleinfahrzeugen mit Maschinenantrieb ist, nämlich wenn das Maschinenfahrzeug entlang seines rechten Ufers fährt und nicht weiter ausweichen kann. Dann ist das Segel-Kleinfahrzeug gegenüber dem maschinengetriebenen Kleinfahrzeug ausweichpflichtig. Hat der Segler keine Segel gesetzt und fährt unter Motor, wird er wie ein anderes maschinengetriebenes Kleinfahrzeug behandelt, worauf wir später noch eingehen.

Als Hausbootskipper weichen Sie auch allen muskelgetriebenen Kleinfahrzeugen aus. Muskelgetrieben sind Kajaks, Kanus, Tretboote, Ruderboote, Drachenboote und sonstige Schwimmhilfen, die allein durch die Kraft ihrer Insassen bewegt werden.

Der Grund für die Benachteiligung von Motorbooten gegenüber muskelbetriebenen und segelnden Kleinfahrzeugen ist einleuchtend. Als Hausbootskipper können Sie mit dem Maschinenantrieb leichter ausweichen als ein Ruder-Achter. Auch für den Segler ist eine Kursänderung erheblich aufwendiger als für ein Motorboot. Deshalb weichen Motorboote allen anderen aus.

Sollten Sie in die Situation kommen, dass Sie ein anderes Boot überholen wollen, bedenken Sie, dass Sie ausreichend freien Raum vor sich haben müssen und dass Sie dem zu Überholenden nicht zu nahe kommen dürfen. Darüber hinaus achten Sie auf Ihre Heckwelle. Wenn Sie mit zu viel Schub eine Gruppe Paddler in Kanus überholen, bringen Sie diese in ernsthafte Schwierigkeiten. Wenn Ihre Heckwelle die Gruppe Paddler flutet und Kanus zum Kentern bringt, machen Sie sich nicht nur strafbar, Sie tragen mit einem solchen Verhalten auch nicht gerade zu einem einvernehmlichen Miteinander auf dem Wasser bei. Deshalb sollten besonders kleine Boote mit einem großen Sicherheitsabstand und nur langsam überholt werden. Die Grundregel hierfür ist, dass das Wasser am Bug und am Heck nicht rauschen darf. Vor allem achten Sie unbedingt auf eine kleine Heckwelle. Der Geschwindigkeitsunterschied zwischen Rauschefahrt und der Höchstgeschwindigkeit des Hausbootes ist minimal, aber wenn Sie Vollgas fahren und damit eine größere Welle werfen, schädigen Sie nicht nur die Natur am Ufer, sondern auch sich selbst, weil Sie für einen minimalen Geschwindigkeitszuwachs von weniger als einem Kilometer pro Stunde deutlich mehr Treibstoff verbrauchen – und bezahlen!

Beim Überholen können Sie die Seite, auf der Sie das vorausfahrende Fahrzeug überholen wollen, frei wählen. Das bedeutet, Sie können den Vorausfahrer an seiner rechten oder linken Seite überholen.

> **Merke:** Als Überholer sind Sie stets ausweichpflichtig. In Hafeneinfahrten haben einfahrende Fahrzeuge Vorrang vor ausfahrenden Fahrzeugen.

AUSWEICH- UND VORFAHRTSREGELN

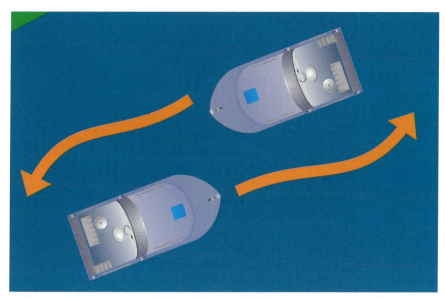

Sie begegnen anderen Hausbooten bzw. Motorbooten: Sie weichen nach Steuerbord / rechts aus. Beide sind gleichberechtigt und weichen einander aus.

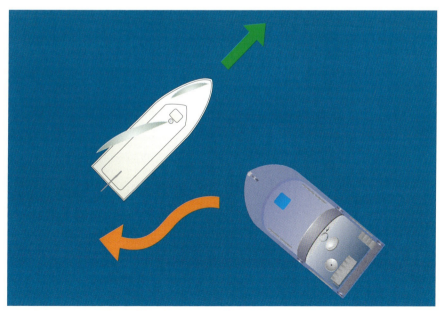

Segelboot vor Hausboot. Sie müssen ausweichen.

GRUNDLAGEN DER BOOTSFÜHRUNG

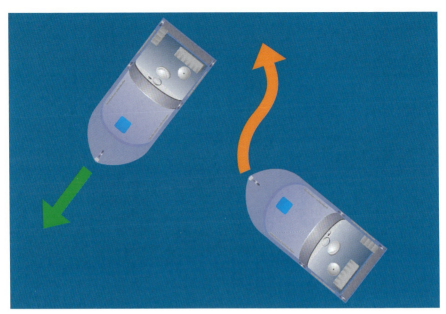

Rechts vor links.

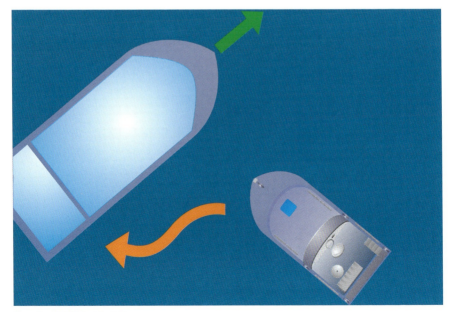

Berufsschifffahrt hat Vorrang.

AUSWEICH- UND VORFAHRTSREGELN

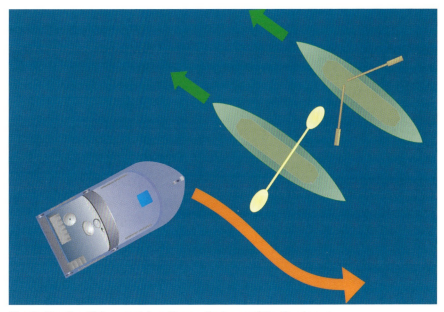

Sie als Hausbootfahrer weichen Kanus, Ruder- und Tretbooten aus.

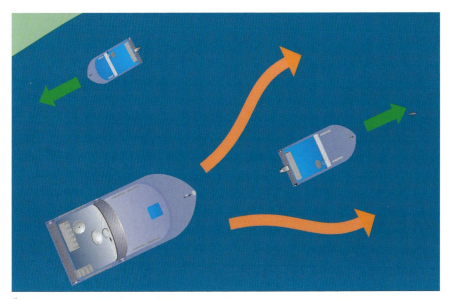

Überholmanöver: Sie können links oder rechts überholen. Beides ist allgemein erlaubt. Der Überholer ist ausweichpflichtig.

GRUNDLAGEN DER BOOTSFÜHRUNG

■ Begegnung an Engstellen

Auch auf Wasserstraßen können naturbedingte oder temporäre Engstellen das Fahrwasser schmaler gestalten. So kommt es öfter vor, dass im Bereich von Wasserbaustellen oder bei Instandhaltungsarbeiten am Ufer ein Schiff angelegt hat, welches das Fahrwasser einengt. An Brücken, vor allem, wenn diese in Kurven liegen, kommt es teilweise ebenfalls zu Engstellen in der Wasserstraße. Im Gegensatz zum Straßenverkehr an Land, wo der warten muss, auf dessen Fahrbahnseite sich das Hindernis befindet, hat auf Wasserstraßen derjenige Vorfahrt, der zu Tal fährt. Wasser fließt immer von Berg zu Tal. Wenn also die Strömung mit uns läuft, also in die Richtung fließt, in die auch wir uns bewegen, dann haben wir Vorrang vor einem entgegenkommenden Fahrzeug, und zwar unabhängig davon, auf welcher Seite sich das Hindernis befindet. Wenn der Bergfahrer jedoch schon in die Engstelle eingefahren ist, haben wir zu warten. Wie immer gilt auch im Begegnungsverkehr an Engstellen der Grundsatz, dass alle Fahrzeuge über 20 Meter Länge Vorrang haben gegenüber Kleinfahrzeugen, unabhängig von ihrer Fahrrichtung mit oder gegen den Strom.

Da wir uns mit Ferienhausbooten meistens auf Gewässern mit einer kaum wahrnehmbaren Strömung bewegen, ist es für Einsteiger nicht immer leicht, festzustellen, ob sich ihr Fahrzeug in Bergfahrt (gegen die Strömung) oder in Talfahrt (mit der Strömung) befindet. Ein Blick in die Gewässerkarte schafft hier Abhilfe. Meistens zeigt ein Pfeil in der Karte die Fließrichtung an. Sollte das nicht der Fall sein, suchen Sie auf der Gewässerkarte die nächste Schleuse in Ihrer Fahrtrichtung. Zeigt die Spitze des Schleusensymbols auf der Karte in Ihre Richtung, sind Sie in Talfahrt, zeigt die Spitze des Schleusensymbols von Ihnen weg, dann sind Sie in Bergfahrt. Das Schleusensymbol auf den Gewässerkarten hilft Ihnen daher, die Strömungsrichtung zu erkennen.

Wenn Sie sich Schleusentore ansehen, dann stellen Sie fest, dass diese immer zum Oberwasser gerichtet in geschlossenem Zustand ein Dreieck bilden. Der darauf lastende Wasserdruck presst die Tore dadurch noch fester zusammen und verhindert so ein unbeabsichtigtes Öffnen in Folge eines Defektes oder Bedienfehlers. Diese Öffnungsrichtung der Tore wird durch ein pfeilähnliches Symbol in den Gewässerkarten eingetragen und ermöglicht uns daher eine sichere Bestimmung der Fließrichtung.

Hausbootskipper fahren bei Begegnungen langsam, nehmen Rücksicht und vermeiden Wellenschlag in der Nähe von Kanus und Ruderbooten.

24

Positionslichter

■ Was schwimmt denn da?

Das Erkennen und zweifelsfreie Identifizieren anderer Fahrzeuge auf dem Wasser bei Tag und bei Nacht, bei Regen oder diesigem Wetter dient Ihrer eigenen Sicherheit. Nur, wer weiß, was einem da entgegenkommt oder das eigene Fahrwasser kreuzt, kann rechtzeitig und angemessen darauf reagieren. Es gibt in der Binnenschifffahrtstrassenordnung eine Vielzahl von Kennungen für Fahrzeuge oder schwimmende Geräte. Wir konzentrieren uns hier ausschließlich auf die Kennungen, welche Ihnen auch in den Charterscheinrevieren begegnen können. Die farbigen Lampen (rot, grün, weiß) dienen nicht dazu, besser sehen zu können, sondern dazu, besser gesehen werden zu können. Sie sollen es also anderen Fahrzeugführern ermöglichen, unsere Lage und unsere Fahrtrichtung festzustellen.

Um andere Fahrzeuge besser erkennen zu können, besichtigen wir zuerst unser Hausboot und schauen nach, wo sich die Positionslampen befinden. Hausboote sind im Normalfall über sieben Meter lang und müssen daher die vom Bundesamt für Seeschifffahrt und Hydrografie (BSH) baumusterzugelassenen und -geprüften Lichter angebracht haben und im Bedarfsfall auch führen (einschalten). In der Sportbootvermietungsverordnung des Bundesministeriums für Verkehr, Bau und Wohnungswesen, die Grundlage für die Möglichkeit des führerscheinfreien Hausbooturlaubes ist, wird es dem Charterskipper untersagt, nach Einbruch der Dunkelheit oder bei unsichtigem Wetter zu fahren. Dennoch kann es Ausnahmesituationen geben, in denen Sie auf eine ordnungsgemäße Lichterführung und sichere Erkennung anderer Fahrzeuge angewiesen sind. Solche Ausnahme-Situationen können zum Beispiel sein: Sie befinden sich in einem engen Kanal oder auf einem See und es zieht schnell heftiger Regen oder Nebel auf. Ein Anlegeplatz befindet sich nicht in der Nähe, weshalb Sie bis zur nächsten Anlegestelle weiterfahren müssen. Also schalten Sie als erstes Ihre Positionslampen ein und fahren langsam und vom Außensteuerstand aus weiter (ist unbequem, das wissen wir, es ist in dieser Situation jedoch unabdingbar). Ein Crewmitglied schicken Sie zum Vorschiff auf »Wahrschau«, was bedeutet,

POSITIONSLICHTER

dass dieses Crewmitglied Motorgeräusche, Uferannäherung oder andere Fahrzeuge an Sie meldet, damit Sie rechtzeitig reagieren können. In einem solchen Fall ist die Kenntnis über die Lichterführung für Sie und Ihre Mitreisenden unabdingbar.

Muskelbetriebene Fahrzeuge müssen nur bei Annäherung eines anderen Fahrzeuges ein weißes Rundumlicht zeigen. (Ein Rundumlicht ist eine Lampe, deren Licht im Vollkreis, also über 360 Grad abgestrahlt wird.)

Ankerlieger führen als Ankerlicht ein weißes Rundumlicht. Also auch Sie, wenn Sie nachts vor Anker liegen bleiben.

Segelboote unter 20 Metern Länge können ein weißes Rundumlicht im Masttop (das ist beim Segelmast die obere Spitze) führen und müssen bei Annäherung eines Fahrzeuges ein zweites weißes Licht zeigen. Alternativ können diese auch eine Dreifarbenlaterne (rot, grün, weiß) am Masttop führen.

Motorboote unter 20 Metern Länge führen an den vorgeschriebenen Seiten links (backbord) eine rote und rechts (steuerbord) eine grüne Lampe, die jeweils im Winkel von 112,5 Grad abstrahlen. Ferner führen sie ein weißes Rundumlicht (360 Grad Abstrahlwinkel) oder nach vorne ein weißes Topplicht (225 Grad Abstrahlwinkel) und nach hinten ein weißes Hecklicht (135 Grad Abstrahlwinkel).

Klingt kompliziert, ist es jedoch gar nicht. Die nachfolgenden Grafiken verdeutlichen das eben Gelesene.

Beim Fahren nach Positionslichtern bedeutet dies: »Kommt Grün, Weiß, Rot vor Dir in Sicht, fahre nach rechts, zeig's rote Licht.«

Beim Ankern führen Sie ein weißes Rundumlicht.

Bei Dunkelheit oder unsichtigem Wetter führen Boote Lichter. Anhand der eingeschalteten Positionslichter erkennen Sie, in welche Richtung ein anderes Boot fährt.

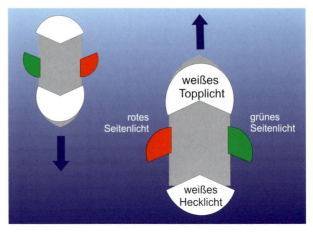

Schifffahrtszeichen

■ Verkehrszeichen

Unsere ständigen Begleiter beim Autofahren, die Verkehrszeichen und -schilder, finden sich auch entlang der Wasserstraßen. Die Verkehrszeichen für Binnenschiffer gliedern sich in Gebots-, Verbots- und Hinweiszeichen und sind bei genauerer Betrachtung den Schildern und Bedeutungen auf Landstraßen ähnlich. Dieser Umstand erleichtert Ihren Mitreisenden und Ihnen die Deutung der Schilder.

Brückendurchfahrt

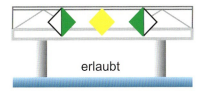

Achtung Gegenverkehr

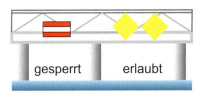

Kein Gegenverkehr

Achtung Gegenverkehr

Durchfahrtshöhe begrenzt

Gebot, besondere Vorsicht walten zu lassen

SCHIFFFAHRTSZEICHEN

Beispiele für Schleusenzeichen

 Einfahrt verboten oder Gegenverkehr

  Einfahrtverbot, Bereithalten

  Einfahrt frei

Vor dem Zeichen anhalten, bis Weiterfahrt freigegeben wird. — Geschwindigkeit verringern Sog und Wellenschlag vermeiden — Hinweis auf Wehr

Wichtige Gebots- und Verbotszeichen

Geschwindigkeits-
beschränkung
in km / h — Schallsignal geben — Fahrwassertiefe — Fahrtrichtung — Fahrverbot für Fahrzeuge mit Maschinenantrieb

Einfahrtszeichen — Überholverbot — Verbot des Begegnens — Durchfahrtshöhe — Ankerverbot

Ende eines Ge- oder Verbotes — Abstand in Metern, indem sich Fahrzeuge vom Tafelzeichen entfernt halten sollen — Liegeverbot — Nur für Kleinfahrzeuge ohne Maschinenantrieb befahrbar — Durchfahrt verboten

VERKEHRSZEICHEN

SCHIFFFAHRTSZEICHEN

■ Betonnung des Fahrwassers

In der Markierung der Fahrbahn bestehen Unterschiede zu den Straßen an Land, was wahrscheinlich nur daran liegt, dass sich Mittelstreifen und Fahrbahnrandmarkierungen nicht mit Lackierfahrzeugen auf das Wasser malen lassen. Für diesen Zweck, die Markierung der Fahrbahn, die wir Seefahrer »Fahrwasser« nennen, werden spezielle Fahrwasserbojen (auch Fahrwassertonnen genannt) verwendet. Fahrwassertonnen werden im Normalfall in Sichtabstand ausgebracht, sodass eine gedachte, durchgezogene Linie zwischen den Tonnen einer Farbe den Fahrbahnrand nach links oder rechts markiert, wobei sich die Angabe »rechts« beziehungsweise »links« immer auf die Fließrichtung des Gewässers bezieht. »Rechts« (oder »links«) bedeuten hier also immer in Talfahrt rechts (oder links). Neben der Farbgebung der Fahrwassertonnen zeigt ein zylindrisches oder kegelförmiges Metallzeichen an der Spitze der Tonne (Toppzeichen) zusätzlich die Richtungsseite der Fahrwassertonnen an. Das liegt daran, dass Wasservögel sehr gerne die Fahrwassertonnen aufsuchen, um sich auszuruhen, und dass durch deren Hinterlassenschaften die Farbe der Tonnen manchmal sehr schwer zu erkennen ist. Folglich unterstützen die Toppzeichen der Fahrwassertonnen Skipper und Rudergänger in der zweifelsfreien Identifikation der Fahrwasserseite. Die Fahrwassertonnen sind rot oder grün lackiert, wobei die grünen Tonnen – mit einem Kegel (Spitze nach oben) als Toppzeichen – die linke Fahrwasserseite begrenzen und die roten Tonnen – mit einem Zylinder (oben stumpf) als Toppzeichen – die rechte Fahrwasserseite. Eine weitere Form der Fahrwasserbegrenzung kann eine Bake sein (eine Stange am oder vor dem Ufer), die das Toppzeichen einer Fahrwassertonne, also einen Kegel oder einen Zylinder führt. Auch hier gilt: Toppzeichen Kegel (grün) mit der Spitze nach oben = linker Fahrwasserrand und Toppzeichen Zylinder (rot und oben stumpf) = rechter Fahrwasserrand. An Stellen, wo ein Fahrwasser sich trennt und im weiteren Verlauf wieder zusammenführt, befinden sich rot-grün-rot-grün usw. waagrecht gestreifte Tonnen mit einer Kugel als Toppzeichen. Diese Tonnen heißen Fahrwasser-Spaltungstonnen. Der Vollständigkeit halber erwähnen wir noch die Mündungstonnen. Diese befinden sich an Einmündungen von Kanälen oder Flüssen. Mündet ein Gewässer von rechts in ein betonntes Fahrwasser, ist die Mündungstonne rot-grün-rot in der Farbgebung und führt ein stumpfes Toppzeichen. Mündet ein Gewässer von links in ein betonntes Fahrwasser, ist die Mündungstonne grün-rot-grün in der Farbgebung und führt einen Kegel mit der Spitze nach oben als Toppzeichen.

Es kann in der Praxis vorkommen, dass nicht immer neben einer roten Tonne auch eine grüne Tonne liegt. Häufig wird wechselseitig eine rote und dann ein grüne Tonne ausgebracht. Die roten Tonnen sind leichter zu finden, da ihre Farbe sich meist deutlicher gegen den Hintergrund absetzt. Zuweilen sind die grünen Tonnen schwierig zu erkennen, besonders dann, wenn diese vor einem ausgedehnten Waldstück stehen. Bei Fahrten am Abend, gegen die Sonne, kann es auch passieren, dass die gesuchte Tonne genau im Bereich der Son-

BETONNUNG DES FAHRWASSERS

nenreflexion auf dem Wasser schwimmt. Deshalb empfehlen wir Ihnen, immer ein gutes Fernglas bei der Hand zu haben, um im Zweifelsfall die Wasserfläche in Tonnenrichtung absuchen zu können. Haben Sie die Tonne bei schwierigen Lichtverhältnissen entdeckt, suchen Sie sich eine besser sichtbare Markierung in Verlängerung der Tonne an Land und fahren so lange auf dieses »Ersatzseezeichen« zu, bis Sie die Tonne mit bloßem Auge erkennen können. Das klingt zunächst vielleicht etwas verwirrend, aber mit ein bisschen Praxis werden Sie sich schnell an die Fahrwassermarkierung durch Tonnen gewöhnen. Deshalb empfehlen wir Ihnen dringend, die Gewässerkarte immer in Griffweite bereitzuhalten. Die Darstellung der Betonnung ist ein wesentliches Merkmal der Gewässerkarte. Auch die Wassertiefe und wie bereits erwähnt die Fließrichtung können Sie der Gewässerkarte entnehmen. Deswegen benutzen Sie zur Führung eines Ferienhausbootes nur Gewässerkarten und um Himmels willen niemals einen Autoatlas!

Merke:
Fahrwassertonnen oder -baken sind in Fließrichtung der Wasserstraße am linken Fahrwasserrand grün, mit einem Kegel, Spitze nach oben, als Toppzeichen. Am rechten Fahrwasserrand sind die Tonnen rot, mit einem Zylinder als Toppzeichen und stumpf an der Spitze. Bei Bergfahrt sind demzufolge die roten Tonnen links und die grünen Tonnen rechts. Teilt sich das Fahrwasser, wird dies durch rot-grün-rot-grün... waagrecht gestreifte Fahrwasserspaltungstonnen mit einer Kugel als Toppzeichen angezeigt. An Einmündungen von Gewässern in ein betonntes Fahrwasser zeigen Mündungstonnen die Einmündung an. Nicht immer jedoch liegen Tonnen an jeder dafür geeigneten Stelle. So sind Mündungstonnen oder Fahrwasser-Spaltungstonnen in den Charterscheinrevieren vergleichsweise selten.

Linkes Ufer: Grüne Spitztonnen, grün-weiße Schwimmstangen, spitze Toppzeichen, grüne Kegel, Spitze nach oben.

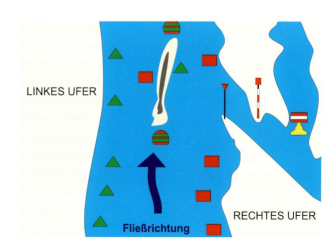

SCHIFFFAHRTSZEICHEN

Beim Fahren am Tonnenstrich ist die Fließrichtung zu beachten.

Für Ortsunkundige kann das Fahrwasser sehr schlecht einsehbar sein. Fahren Sie sehr langsam.

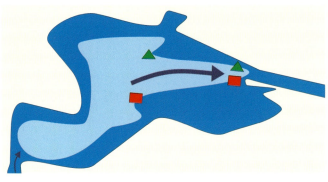

Die Tonnen können sehr weit auseinander stehen.

BETONNUNG DES FAHRWASSERS

An einer Spaltungstonne verzweigt sich das Fahrwasser.

Grüne Fahrwassertonne mit »Untermieter«.

SCHIFFFAHRTSZEICHEN

■ Sondertonnen/ Sperrtonnen

Vereinzelt gibt es Tonnen mit grün-weißer oder rot-weißer Farbgebung. Die Bedeutung der Tonnen entnehmen Sie dann der Seekarte. Ein prominenter Vertreter dieses Bojentyps ist die Tonne »Müritz-Mitte«, sie weist den geografischen Mittelpunkt der Müritz aus.

Bisher sprachen wir über grüne und rote Tonnen, es gibt aber noch gelbe und rot-gelbe Tonnen sowie Tonnen mit unterschiedlichen Kombinationen von Gelb und Schwarz. Diese Tonnen weisen auf für die Befahrung gesperrte Bereiche hin. Während die gelben und rot-gelben Tonnen Badestellen, Naturschutzgebiete oder wasserseitige Nationalparkgrenzen kennzeichnen und die gedachte Verbindungslinie zwischen den Tonnen zum Land hin nicht überfahren werden darf, ist den Tonnen mit gelb-schwarzen Markierungen besondere Aufmerksamkeit zu widmen.

Sperrgebiet, besondere Gebiete und Stellen, Badebetrieb, Geschwindigkeitsbeschränkung

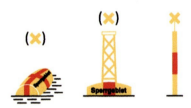

Sperrgebiet (militärisch oder zivil)

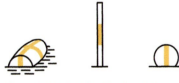

Wegen Badebetrieb für Maschinenfahrzeuge und Wassermotorräder gesperrt

Besondere Gebiete und Stellen, z. B. Reede

Geschwindigkeitsbeschränkung 8 km/h innerhalb 500-m-Zone vor Stellen mit erkennbarem Badebetrieb

(Abbildung aus der Broschüre »Sicherheit auf dem Wasser – Leitfaden für Wassersportler« vom Bundesministerium für Verkehr, Bau- und Wohnungswesen)

GEFAHRENTONNEN IM KARDINALSYSTEM

Sperrtonne mit der Bedeutung: »Gesperrte Wasserfläche.«
Die Durchfahrt zwischen den beiden Schilfinseln ist verboten.

■ Gefahrentonnen im Kardinalsystem

Diese Sonderform der Betonnung von gefährlichen Unterwasserhindernissen wird im Regelfall fast ausschließlich im Bereich der Seeschifffahrtstraßen und der Küstennavigation verwendet. Im Revier der großen Mecklenburgischen Seen wird auf diese Ausweisung von Gefahrenstellen im Kardinalsystem zurückgegriffen, weil die Seen küstenähnliche Verhältnisse aufweisen und weil sie ein Produkt der letzten Eiszeit sind, in der riesige Gletscher große Felsen, Schotter und Geröll von Skandinavien nach Mecklenburg und Brandenburg wälzten, von denen sich einige ausgesucht große Exemplare noch unter Wasser befinden. Das bedeutet: Wo Tonnen mit einer gelb-schwarzen oder schwarz-gelben Farbgebung liegen, lauert Gefahr – alles klar?

Wie diese Tonnen aussehen, wo sie im Bezug zum Unterwasserhindernis liegen und wo wir an solchen Tonnen vorbeifahren, erfahren Sie gleich. Doch zunächst noch ein mahnendes Wort: Wir, die Autoren Britt Grünke und Detlef Stöcker, bereisen das Revier der Mecklenburger Seenplatte seit vielen Jahren. Das Ergebnis dieser vielen Reisen sind unsere nautischen Reiseführer »Wasserwanderungen durch

SCHIFFFAHRTSZEICHEN

die Mark Brandenburg« (2002) und »Wasserwanderungen durch Mecklenburg« (2003). Bei Einhaltung der betonnten Fahrwasser ist es uns niemals gelungen, auch nur in die Nähe der gefährlichen Untiefen, die im Kardinalsystem betonnt sind, zu gelangen. Sie sollten also auf den großen Seen unbedingt stets im Fahrwasser bleiben. Solche Untiefen befinden sich besonders auf der Müritz, dem Zierker See und dem Schweriner See.

Der folgenden Grafik können Sie entnehmen, dass es vier unterschiedliche Gefahrentonnen gibt, die anhand des Toppzeichens und der Farbgebung deren Lage in Bezug auf die gefährliche Untiefe anzeigen. Sollten Sie in die unerfreuliche Situation kommen so ein Exemplar vor sich zu haben, dann beachten Sie, dass die Tonnen an der Seite passiert werden müssen, deren Himmelsrichtung in der Tonnenbezeichnung benannt ist. Die Gefahrentonne Nord (Schwarz-Gelb, von oben nach unten und zwei schwarze Kegel, Spitze nach oben) liegt nördlich der Untiefe. Für Sie bedeutet das, dass Sie die Tonne wiederum auf deren Nordseite passieren müssen! Entsprechendes gilt natürlich für die Gefahrentonnen West, Süd und Ost.

Nicht immer sind alle vier Tonnen ausgebracht, um eine Untiefe zu bezeichnen. Häufig liegt nur eine Tonne an der dem Fahrwasser zugewandten Seite. Versuchen Sie auf keinen Fall, zu tricksen oder den Weg abzukürzen. Bleiben Sie stets im betonnten Fahrwasser, dort sind Sie außerhalb der gefährlicheren Bereiche, deren Befahrung aus gutem Grund nur Skippern mit Sportbootführerschein Binnen vorbehalten ist. Sollten Sie also öfter Boot fahren wollen, dann machen Sie einfach nach Ihrem Charterurlaub die Ausbildung zum Sportbootführerschein Binnen.

Langsame Fahrt bei Annäherung an Gefahrentonnen.

GEFAHRENTONNEN IM KARDINALSYSTEM

Kardinalzeichen

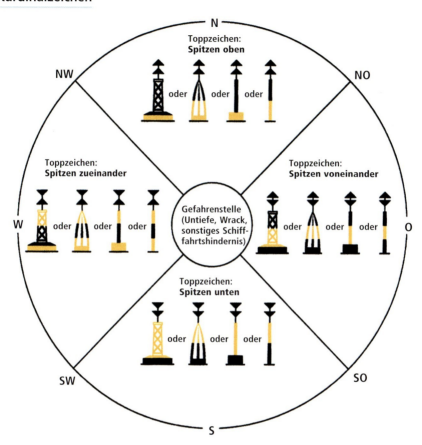

Kardinale Zeichen zeigen die Passierseite des Bezugsobjektes in Kompassrichtung an.
(Abbildung aus der Broschüre »Sicherheit auf dem Wasser – Leitfaden für Wassersportler« vom Bundesministerium für Verkehr, Bau- und Wohnungswesen)

Schallsignale

Das Wissen um die Bedeutung und die Anwendung der Schallsignale auf dem Wasser sollten Sie nach Ihrem Charterurlaub ganz schnell wieder zu den Akten legen. Warum? Weil Sie es spielend auf einige Anzeigen wegen Nötigung im Straßenverkehr bringen, wenn Sie versuchen sollten, Ihre automobilen Mitverkehrsteilnehmer mit Ihren nautischen Fähigkeiten in der Schallsignalgebung zu beeindrucken.

Zuweilen sind Schallsignale in der Schifffahrt notwendig, wobei wir uns aber stets der Tatsache bewusst sein sollten, dass gerade die von uns bereisten Charterreviere besonders schützenswert sind und wir deshalb die heimische Fauna nicht mit überflüssigen Schallsignalen unnütz aufschrecken sollten. Schallsignale machen selbstverständlich nur Sinn, wenn mindestens ein anderes Fahrzeug in der Nähe ist, dem Sie anhand der Tabelle der Schallsignale etwas mitteilen wollen. Deshalb müssen Sie auch als Sportbootschiffer nicht jedes Mal hupen, wenn Sie das Verkehrszeichen »Schallsignal geben« sichten, das müssen nämlich nur die Berufs-Binnenschiffer. Sie müssen in diesem Fall nur dann ein Schallsignal geben, wenn Ihnen ein anderes Fahrzeug entgegenkommt. Vor uneinsichtigen Kurven oder Brückendurchfahrten kann es allerdings schon einmal erforderlich sein, auf sich aufmerksam zu machen. Manchmal erledigt das aber auch ein anderes Fahrzeug für uns, indem es uns mit dem Hupen einfach zuvorkommt.

Da Hupen ohne besonderen Grund nicht nur in Wassernähe befindliche Tiere verscheucht, sondern auch die Nerven Ihrer Crew schädigt und unter Umständen die Menschen am Ufer zu wahren Wutausbrüchen mit wilden Beschimpfungen veranlasst, gebietet sich der äußerst sparsame und überlegte Gebrauch des »Nebelhorns« von selbst. Skipper, die von dem Signalhorn unnötig Gebrauch gemacht hatten, sollen, so wurde uns berichtet, sogar schon über Bord geworfen oder gekielholt worden sein.

SCHALLSIGNALE

Allgemeine Schallzeichen

●	1 kurzer Ton	etwa 1 Sekunde Dauer
▬	1 langer Ton	etwa 4 Sekunden Dauer

Signal	Töne	Bedeutung
●	1 kurzer Ton	Ich richte meinen Kurs nach Steuerbord / rechts.
●●	2 kurze Töne	Ich richte meinen Kurs nach Backbord / links.
●●●	3 kurze Töne	Meine Maschine geht rückwärts.
●●●●●●●	Folge sehr kurzer Töne.	Gefahr eines Zusammenstoßes.
▬●	1 langer Ton, 1 kurzer Ton	Ich wende über Steuerbord / rechts.
▬●●	1 langer Ton und 2 kurze Töne	Ich wende über Backbord / links.
▬▬▬●	3 lange Töne, 1 kurzer Ton	Bei Ein- und Ausfahrt in von Häfen und Nebenwasserstraßen: Ich will meinen Kurs nach Steuerbord / rechts richten.
▬▬▬●●	3 lange Töne, 2 kurze Töne	Bei Ein- und Ausfahrt in von Häfen und Nebenwasserstraßen: Ich will meinen Kurs nach Backbord / links richten.
●●●●	4 kurze Töne	Ich bin manövrierunfähig.

Sicherheitsratschläge und -ausrüstung

■ Rettungsmittel und Schwimmwesten

Damit Sie an Bord möglichst erst gar nicht in eine Situation geraten, in der Ihnen das Abspielen etwa der Musik-CD »Näher mein Gott zu dir« angemessen erscheint, sollte jeder Ihrer Mitreisenden dieses Kapitel gelesen haben. Noch besser wäre es freilich, wenn Sie sich sowieso gemeinsam mit allen Mitfahrern durch dieses Buch durcharbeiten und dabei vielleicht auch schon in Vorfreude schwelgen, während Sie sich auf den Hausbooturlaub vorbereiten.

Machen Sie sich an Bord zuerst mit den Rettungsmitteln und der Sicherheitsausrüstung vertraut. Dazu müssen Sie und auch alle anderen Personen an Bord nicht nur wissen, wo sich diese Ausrüstung befindet, sondern diese im Notfall auch anwenden können. Zur Sicherheitsausrüstung und den Rettungsmitteln gehören die Rettungswesten, für jede Person an Bord ist eine Weste zwingend vorgeschrieben, der Rettungsring mit angebrachter Bergeleine, die Feuerlöscher, der Verbandskasten, die Rettungsleiter, der Bootshaken, eine wasserdichte und schwimmfähige Taschenlampe mit funktionierenden Batterien, eine rote Flagge, ein Schöpfgefäß und ein Eimer. Und selbst bringen Sie bitte für jede Person an Bord ein Paar derbe Arbeitshandschuhe mit, um die Leinen beim Schleusen und Anlegen nicht mit der bloßen Hand benutzen zu müssen.

Charterhausboote haben in den meisten Fällen einen außen um das Boot herumlaufenden Seezaun, eine so genannte Reling. Diese Reling hat Durchlässe, um das Ein- und Aussteigen zu erleichtern. Diese Durchgänge sind nach dem Ablegen und während der Fahrt mit Ketten, an denen sich ein Karabinerhaken befindet, zu verschließen.

Nichtschwimmer und Kinder unter zwölf Jahren müssen an Bord immer Rettungswesten tragen. Wohl gibt es Ratgeber, die das Tragen der Rettungsweste für Kinder und Nichtschwimmer nur an Deck und nicht in der Kajüte empfehlen, doch wer legt den Kindern schon dauernd die Rettungswesten an und zieht sie wieder aus. Daher unser Rat, die Rettungswesten an Bord und im Hafen von diesem Personenkreis immer tragen zu lassen.

RETTUNGSMITTEL UND SCHWIMMWESTEN

Warten auf die nächste Schleusung.

Im Sommer 2004 haben wir einen kleinen Jungen aus dem Yachthafen in Stralsund gezogen, der nur durch seine angelegte Rettungsweste an der Wasseroberfläche gehalten wurde. Das Geschrei und das Wehklagen war auch mit angelegter Rettungsweste noch groß genug. Kaum vorstellbar, was dem Jungen ohne Rettungsweste hätte geschehen können. Groß ist beispielsweise die Gefahr, unter die Schwimmsteganlage getrieben zu werden und sich dort in Verankerungstauen zu verfangen. Da Wasser nicht primär das gottgegebene Element des Menschen ist, sollten wir, um Schaden zu vermeiden, uns und unsere Sprösslinge weitestgehend sichern, auch wenn es unbequem ist. Unsere Erfahrung zeigt, dass Kinder bei richtiger, rhetorisch geschickter Darstellung der Schwimmwesten diese ab dem zweiten Tag gar nicht mehr ablegen wollen.

Die Rettungswesten an Bord der Charteryachten sind ohnmachtsicher, was bedeutet, dass eine auf dem Bauch treibende Person automatisch in eine ohnmachtssichere Rückenlage gedreht wird und der Kragen der Rettungsweste den Kopf der Person über der Wasseroberfläche hält. Um dies zu gewährleisten, muss die Rettungsweste allerdings auch korrekt angelegt werden. Das bedeutet, dass auch der Schrittgurt geschlossen werden muss.

SICHERHEITSRATSCHLÄGE UND -AUSRÜSTUNG

■ Was ist zum eigenen Schutz zu beachten?

Postieren Sie Kinder beim An- und Ablegen sowie beim Ein- und Ausfahren in beziehungsweise aus Schleusen stets in der Kajüte oder in der Nähe des Rudergängers. Lassen Sie Kinder niemals auf die Seite des Hausbootes, an der Sie gerade anlegen wollen, damit diese, sollten sie doch einmal über Bord fallen, wenigstens nicht zwischen das Boot und die Spundwand geraten können.

Niemand an Bord darf zu irgendeiner Zeit oder unter irgendwelchen Umständen seine Hände oder Beine zum Abhalten oder Abstoßen des Bootes über oder unter der Reling hinaushalten. Hierbei besteht eine erhebliche Verletzungsgefahr.

Nach einigen Tagen auf Fahrt besteht die Gefahr, dass mit einer aufkommenden trügerischen Routine in der Bootsführung die eigenen Fähigkeiten überschätzt werden. Deshalb bewahren Sie sich Ihren Respekt vor dem Hausboot. Bleiben Sie ruhig und handeln Sie immer besonnen und überlegt. Unternehmen Sie nichts, bevor Sie das beabsichtigte Manöver nicht ganz genau im Kopf durchgespielt haben. Wahre Professionalität spiegelt sich nicht in Routine, sondern in besonnenem und überlegtem Handeln. Wir verfahren seit vielen Jahren auf dem Wasser nach dem Grundsatz, lieber lebende Feiglinge zu sein

Leinen und Festmacher werden sofort nach dem Gebrauch beim An- oder Ablegen wieder sauber aufgeschossen (seemännisch für zusammengelegt), damit diese für den nächsten Einsatz sofort klar zur Verwendung sind.

WAS IST ZUM EIGENEN SCHUTZ ZU BEACHTEN?

als tote Helden. Der tiefere Sinn dieser Aussage erschließt sich wohl von selbst, nicht wahr? Sie müssen niemandem etwas beweisen, schon gar nicht mit einem Fahrzeug oder in einem Metier, das Sie noch nicht vollends beherrschen. Sicherheit wird den Crewmitgliedern durch den Skipper vorgelebt und nicht nur verordnet oder angewiesen.

Eine alte Seefahrerweisheit sagt: »Eine Hand für dich, eine Hand fürs Schiff.« Niemand sollte sich an Deck bewegen, ohne sich immer mit einer Hand an den Handläufen, Griffen oder der Reling des Hausbootes festzuhalten. Nur sitzend und liegend ist es unproblematisch, beide Hände für andere Dinge zu nutzen als dafür, sich festzuhalten.

Wenn auf der Flybridge, landläufig Sonnendeck genannt, gegessen werden soll, tragen Sie und Ihre Mitreisenden alles, was Sie zum stilvollen Speisen brauchen, in einem Korb oder einer Tasche nach draußen. Benutzen Sie auf gar keinen Fall ein Tablett. Die Gefahr, dass sonst mit dem Abendessen auch ein Crewmitglied ein Bad nimmt, ist nicht von der Hand zu weisen.

Die Kanutin kann in dieser Position beim Schleusen vom Rudergänger nicht gesehen werden. Stellen Sie deshalb jemanden für die Beobachtung der toten Winkel ab.

SICHERHEITSRATSCHLÄGE

Alkohol ist wie beim Autoverkehr ab 0,5 Promille im Blut für den Skipper und den Rudergänger strafbar. Also nippen Sie einfach erst abends Ihren »Sundowner«, wenn Sie bereits für die Nacht vor Anker liegen oder an einer Steg-Anlage festgemacht haben.

Bevor die letzte Person die Kajüte verlässt, werden Kerzen und Herdflammen gelöscht. Lassen Sie sich und alle, die kochen wollen, von Ihrem Vercharterer gründlich in die Bedienung des Gasherdes einweisen.

Ein Hausboot hat keinen Rückspiegel, rechtzeitiges und häufiges Umschauen verschafft Ihnen den nötigen Überblick. Sie werden staunen, wie groß der tote Winkel von einem Hausboot ist. Halten Sie deshalb zu Paddlern und Ruderern einen reichlich bemessenen Abstand, und zwar immer so, dass Sie diese noch sehen können. Ist dies in Schleusen nicht möglich, so stellen Sie jemanden ab, die Paddler zu beobachten und Ihnen im Falle einer gefährlichen Annäherung rechtzeitig Bescheid zu geben.

Passen Sie Ihre Fahrgeschwindigkeit den Sichtverhältnissen an. Schalten Sie die Positionslampen bei verminderter Sicht an und laufen Sie die nächstgelegene sichere Liegestelle an. Verlassen Sie bei Nebel niemals einen Ankerplatz, sondern warten Sie, bis der Nebel sich gehoben hat, bevor Sie losfahren.

Gehen Sie niemals bei Gewitterneigung an einem Ostufer vor Anker. Ankern ist eine herrliche Angelegenheit, und meist strahlt die Abendsonne noch das östliche Ufer an, bevor sie versinkt. Doch denken Sie daran, in unseren Breiten ziehen Wärmegewitter von West nach Ost.

Halten Sie die Geschwindigkeitsbeschränkungen ein. Auch entlang der Wasserstraßen werden Radarkontrollen durchgeführt, nur ist die Geschwindigkeitsübertretung auf dem Wasser schon bei geringfügig höheren Geschwindigkeiten schmerzlich teuer.

Überholen Sie nur an übersichtlichen Stellen, und bedenken Sie, dass sich ein Überholvorgang bei der geringen Geschwindigkeit über mehrere Minuten hinziehen kann.

Fahren Sie defensiv! Nehmen Sie Rücksicht auf Schwimmer, Kanuten und Nutzer von sonstigen Schwimmhilfen. Auch wenn Sie im Recht sein sollten: Bevor Sie jemanden durch den Propeller häckseln, stoppen Sie lieber. Im Zweifelsfall nämlich wird der Richter zu Ihren Ungunsten entscheiden, denn Sie haben eine Einweisung erhalten, während der Kanufahrer oder Schwimmer wahrscheinlich ohne Unterweisung in die Verkehrsregeln auf dem Wasser geblieben ist. Außerdem sind Sie ja im Urlaub, und das Boot fährt ohnehin maximal 12 km/h. Wo also wollen Sie denn noch schneller hin?

Helfen Sie anderen, wenn diese sich in Not befinden oder sich überschätzt haben. Schon öfter haben wir erschöpfte Kanuten auf den Seen eingesammelt, die bei aufkommenden Wind und Wellen ihre Fähigkeiten und Kraftreserven überschätzt haben. Auch wenn das Wetter für Sie auf dem Hausboot noch harmlos aussieht, kann es für kleinere Fahrzeuge schon bedrohlich sein. Fragen und Hilfe anbieten kostet nichts, und vielleicht entwickelt sich aus solch einer kleinen Handreichung eine Freundschaft fürs Leben. Vor allem aber legen Sie Ehre für sich und andere Haus-

WAS IST ZUM EIGENEN SCHUTZ ZU BEACHTEN?

booturlauber ein und tragen damit dazu bei, dass Hausbootfahrer und andere Wassersportler mit oder ohne Führerschein sich verstehen und gut miteinander auskommen, denn wir sind alle Nutzer desselben Wassers.

Gibt es Probleme mit Ihrem Boot, so versuchen Sie, eine sichere Liegestelle zu erreichen. Wenn allerdings der durchdringende Alarmpiepston, den Sie normalerweise beim Starten des Diesels kurz hören, während der Fahrt ertönt, dann müssen Sie den Motor sofort stoppen. Werfen Sie in einem solchen Fall den Anker aus und informieren Sie unverzüglich Ihren Vercharterer, stellen Sie aber vorher Ihre Position fest.

Am Anfang des Kapitels haben wir Ihnen eine rote Flagge in der Liste der Sicherheitsausrüstung benannt. Nun wäre es an der Zeit, mit dieser vorbeifahrenden Fahrzeugen zuzuwinken. Das Schwenken einer roten Flagge ist ein internationales Notsignal und bedeutet: »Ich brauche Hilfe«. Sie können auch vier kurze Töne mit dem Schiffshorn abgeben, das bedeutet: »Ich bin manövrierunfähig.«

Verlassen Sie niemals ein betonntes Fahrwasser, auf Seen und Kanälen ohne Betonnung halten Sie einen respektablen Abstand zum Ufer. Wollen Sie sich auf einem See dem Ufer nähern, dann schauen Sie zuerst in die Gewässerkarte, ob es dort auch tief genug ist. Bei entsprechend langsamer und vorsichtiger Annäherung an ein Ufer vermeiden Sie unliebsame Grundberührungen. Stellen Sie zur Sicherheit noch eine Person auf das Vorschiff, die ins Wasser schaut und Untiefen meldet. Dabei wird Ihnen dann auch die hervorragende Wasserqualität im Nordosten Deutschlands besonders auffallen.

Schwenken der »Roten Flagge«.

Seemannschaft/ Crewwissen

»Auf jedem Schiff, ob's dampft, ob's segelt, gibt's einen, der die Sache regelt.« (Alte Seefahrer-Weisheit)

Ein Urlaubserlebnis auf dem Wasser, von dem die Familie noch lange zehren wird.

SEEMANNSCHAFT/CREWWISSEN

Selbstverständlich dient die Reise mit und der Urlaub auf einem Hausboot der Erholung und dem besonderen Naturerlebnis. Damit Ihr Urlaub mit dem Hausboot ein voller Erfolg wird, sollten Sie folgendes wissen und beherzigen.

In der Seefahrt gilt von alters her und noch heute der Grundsatz: Der Kapitän ist der Chef an Bord, und er trägt auch die Verantwortung. Das bedeutet, vor dem Gesetz ist der im Binnenbereich »Schiffsführer« oder im Falle der Sportbootfahrer »Skipper« genannte Kapitän für alles an Bord verantwortlich. Das heißt nicht, dass er ständig selbst am Ruder stehen muss, während der Rest der Crew dem süßen Müßiggang frönt. Der Skipper kann Aufgaben, sogar die Steuerung des Schiffes an eine andere Person übertragen, die körperlich, geistig und charakterlich dazu geeignet ist und mindestens das sechzehnte Lebensjahr vollendet hat. Im nautischen Genre sprechen wir vom Rudergänger. Als Rudergänger wird also der bezeichnet, der gerade das Boot fährt.

Ungeeignet zum Steuern eines Hausbootes sind Crewmitglieder, die Alkohol oder sonstige die Sinne und Reaktionsfähigkeit beeinträchtigende Stoffe vor Beginn der Tagesfahrt konsumiert haben oder konsumieren, während sich das Hausboot in Fahrt befindet. In Fahrt befindet sich ein schwimmendes Fahrzeug bereits bei aufgeholtem Anker und bei gelösten Festmachern, wenn also keine Fixierung des Bootes mehr erfolgt und das Hausboot frei im Wasser schwimmt. Wird das Hausboot dann mit laufendem und eingekuppeltem Motor bewegt, spricht man von Fahrt durchs Wasser. Wohl gilt auf dem Wasser die gleiche Promille-Grenze für die Blut-Alkohol-Konzentration wie im Straßenverkehr, doch legen wir Ihnen dringend ans Herz, keinen Alkohol oder gar andere Drogen an Bord zu konsumieren oder deren Einnahme zu dulden, während sich das Hausboot in Fahrt befindet. Erst wenn das Fahrziel erreicht ist und das Hausboot vor Anker oder an einer Pier oder einem Steg festgemacht ist, sollte der Skipper den Alkohol-Konsum erlauben. Bedenken Sie dabei, dass Sie und Ihre Crew im Umgang mit einem großen und bis zu über 14 Tonnen schweren Hausboot ungeübt sind. Zu groß ist das Risiko, sich selbst oder andere zu gefährden oder sogar zu verletzen.

Die Eignung zur Bootsführung setzt ferner das intakte Seh- und Hörvermögen voraus und eine gesunde Fähigkeit zur Abschätzung der verzögerten Reaktionen eines Bootes im Verhältnis zu einem Auto. Wer diese Voraussetzungen nicht erfüllt, darf vom Skipper nicht ans Ruder gelassen werden, um das Hausboot zu fahren.

Merke: Wenn der Rudergänger mit dem Hausboot einen Unfall verursacht, ist dennoch der Schiffsführer in vollem Umfang verantwortlich.

Der Skipper trägt darüber hinaus die Verantwortung dafür, dass die maximal zulässige Anzahl der an Bord befindlichen Personen nicht überschritten wird. Diese Höchstpersonenzahl finden Sie im Bootszeugnis. Die höchste Personenzahl an Bord liegt bei Fahrten mit der Charterbescheinigung – ohne Sportbootführerschein Binnen – bei zwölf Personen absolut, inklusive Skipper.

SEEMANNSCHAFT / CREWWISSEN

Auf der anderen Seite darf das Hausboot auch nur mit der vorgeschriebenen Mindestanzahl an Crewmitgliedern überhaupt in Fahrt gesetzt werden. Die Personenstärke der Mindestbesatzung finden Sie ebenfalls im Bootszeugnis.

Vor allem aber verlassen Sie auf gar keinen Fall und unter keinen Umständen das für die führerscheinfreie Nutzung für Charteryachten freigegebene Fahrgebiet, wenn Sie das Hausboot ohne Sportbootführerschein Binnen und lediglich mit der Charterbescheinigung fahren. Die freigegebenen Fahrgebiete haben wir Ihnen im Kapitel »Gesetzliche Grundlagen« bereits vorgestellt.

Das Gesetz unterscheidet nicht zwischen Berufs- und Freizeitschifffahrt. So, wie es an Bord von Berufsschiffen eine Spezialisierung der Besatzung gibt, wird diese sich hinsichtlich der Aufgabenverteilung in der Regel in den ersten zwei Tagen auch an Bord eines Ferienhausbootes herauskristallisieren.

Ausbringen der Vorleine.

KOMMANDOS

Ausbringen der Achterleine.

■ Kommandos

Für die Durchführung einer ganzen Reihe von Manövern ist der Skipper auf die Unterstützung der Crew angewiesen. In solchen Fällen dienen seine Anweisungen beziehungsweise Kommandos einzig und allein der sicheren Bootsführung. Vom Erteilen des Kommandos über die Rückmeldung der Einsatzbereitschaft der einzelnen Stationen und die Ausführung der Anweisung zum Zeitpunkt der Vollzugsaufforderung bis hin zur Vollzugsmeldung nach Ausführung des Kommandos gibt es in der Seefahrt eine regelrechte Dramaturgie, die aber eben keineswegs der Pflege einer überholten Marinetradition oder dem Ausleben eines angeknacksten Egos des Skippers dient, sondern der sicheren Bootsführung und dem Schutz der Personen an Bord und an Land. Und für die ist der Skipper schließlich verantwortlich.

Selbstverständlich werden Anweisungen und Rückmeldungen so laut wie nötig aber so leise wie möglich ausgesprochen, um bei anderen Bootsbesatzungen und den Passanten am Ufer nicht den Eindruck zu erwecken, dass Ihrer Majestät Flaggschiff gerade zur Abnahme der Flottenparade einläuft.

> *Merke:* Anweisungen des Skippers werden unverzüglich und sofort nach der Aufforderung zur Umsetzung ausgeführt.

Natürlich gibt es denkbare Alternativen zu einer solchen klaren Kommandostruktur an Bord. Beispielsweise können Sie und die Ihren einen basisdemokratischen Schiffsführungszirkel gründen, dessen Mitglieder dann einen Kreis bilden, in welchem sich alle an die Hände fassen, bevor sie sich geistig über das unmittelbar anstehende Manöver austauschen, das der Bootsführung dient. Diese Methode hat allerdings auch ihre Nachteile: Bis Sie und Ihre Mitreisenden zu einer Entscheidung gelangen, hat möglicherweise Ihr Hausboot schon frontal eine Schwimmsteganlage gerammt und diese nebst 20 weiteren Eigneryachten versenkt. Oder Sie haben beim Person-über-Bord-Manöver dreimal die im Wasser treibende Person überfahren und sind viermal vorbei getrieben. (Dann bergen Sie aber wenigstens die Leiche ...)

Spaß beiseite: Die vorstehenden Übertreibungen sollten Ihnen verdeutlichen, dass es im Interesse aller Beteiligten ist, wenn Sie und Ihre Crew sich richtig verstehen und jeder weiß, was, wo, wie und wann zu tun ist, damit alles reibungslos klappt. Selbstverständlich wollen Sie auch wissen, ob Ihren Kommandos Folge geleistet wurde und diese in die Tat umgesetzt wurden. Hierzu dient die Rückmeldung der Crew. In den beliebten und stark frequentierten Häfen ist jeden Sommer das Schauspiel zu beobachten, dass ein hektischer Rudergänger wild kreischend und gestikulierend seine Crew zusammenstaucht und unter wilden Flüchen auf die »unfähige Crew« mit dem Schalthebel auf »volle Fahrt voraus« in die Anlegebox rauscht. Solche Manöver dienen zwar der Unterhaltung der Passanten am Ufer, der Restaurant- und Cafebesucher, aber nicht der Aufrechterhaltung des Bordfriedens und der Freude am Hausbooturlaub. Denken Sie deshalb vor jedem Fahrmanöver, dass die Einbeziehung der Crew erfordert, an den Grundsatz: »So laut wie nötig, aber so leise wie möglich.«

Am besten besprechen Sie mit Ihrer Crew vor dem Einlaufen in einen Hafen oder bevor Sie einen Gewässerabschnitt mit mehreren Schleusen befahren alle Manöver genau und teilen jede Person Ihrer Crew für eine bestimmte Aufgabe ein, die diese dann für diesen Tag immer wieder bei Bedarf ausführt. Vor allem jedoch sollten Sie beziehungsweise der Rudergänger stets ruhig und gelassen bleiben. Wenn ein Anlegemanöver nicht auf Anhieb klappt, brechen Sie es lieber rechtzeitig ab und fahren Sie einen zweiten Anlauf, als dass Sie den Kahn auf Biegen und Brechen im ersten Versuch an die Anlegestelle zwingen. Sie setzen damit nur sich und Ihre Crew unnötig unter Erfolgsdruck, was besonders bei Einsteigern zur Überforderung führt und verpatzte Manöver oder Schlimmeres nach sich zieht. Daher ist es oberste Skipperpflicht, Ruhe und Gelassenheit zu verbreiten. Im Kapitel Bootfahrpraxis nehmen wir diesen Gedanken noch einmal auf.

Ein kluger Skipper bindet seine Crew in die Tourenplanung ein. Es gilt, gemeinsame Etappen zu erarbeiten. Es ist einfacher, seine Mitreisenden für eine Tagesetappe

KOMMANDOS

So ist es richtig: Stressfreies Schleusen ohne Angst, und die Leinen aus der Hand geführt.

mit fünf Schleusen zu begeistern, wenn an deren Ende ein besonderes kulturelles, gastronomisches, natürliches oder sonstiges Highlight als Lohn für die mühevolle Anreise winkt. Wenn nicht gerade Anlege- oder Schleusenmanöver anstehen, lassen Sie Ihrer Crew die Freiräume und -zeiten zur Erholung und zum Sonnen. Beachten Sie die Wünsche der Kinder oder Ihrer Mitreisenden zu Badestopps. Geben Sie bei diesen Freuden für Ihre Mitreisenden etwas nach, dann sind diese auch motivierter, mehr Schleusen oder Anlegemanöver zu fahren. Vor allem aber lassen Sie sich nicht ständig bedienen und vermeiden Sie Sprüche wie: »Schatz, bringst du mir bitte ein Bier / einen Kaffee?« Oder: »Du kannst ja schon mal mit dem Kochen anfangen...«, vor allem, wenn Sie gerade mitten durch die schönste Natur fahren. Das klappt zwar vielleicht einige Male, wenn Sie jedoch Ihre Liebste, die Kinder oder andere Crewmitglieder allzu oft aufscheuchen, um »Dero Gnaden Kapitän«

SEEMANNSCHAFT/CREWWISSEN

bedingungslos zu Willen und Diensten sein zu dürfen, schaffen Sie es mit Sicherheit innerhalb weniger Tage, eine handfeste Meuterei wider den despotischen »Käptn Bligh« anzustacheln.

Wenn Sie also Durst haben oder anderes erledigen möchten, bitten Sie doch einfach um Ablösung am Ruder und verrichten die entsprechenden Tätigkeiten, die Ihrem eigenen Wohlbefinden dienen, auch selbst. Das schafft nicht nur ein deutlich besseres Bordklima, sondern sorgt auch dafür, dass Ihre Mitreisenden weitaus bereitwilliger Ihren Anweisungen folgen, als wenn Sie deren »Good will« schon vorher durch sinnlose »Skipperanbetung und -bedienung« verbraucht haben. Und das ist vor allem in kritischen Situationen wie einem verpatzten Anlegemanöver oder einem abgerutschten Festmacher beim Schleusen von unschätzbarem Wert. Und vielleicht können Sie sich ja sogar vorstellen, dass nichts einer gedemütigten Crew mehr Freude bereitet, als einem herrschsüchtigen Skipper öffentlich und vor großem Publikum ein Anlegemanöver zu vermasseln, damit dieser hyperventilierend, hüpfend wie ein Derwisch und mit sich überschlagender Stimme wilde Flüche und Beschimpfungen wider die Crew, Gott und die Welt ausstößt, während er die feixende Häme des Publikums vom Land empfangen darf.

> **Merke:** *In den meisten Fällen geht der intakte Bordfrieden vom Skipper aus. Auch hier gilt der Grundsatz: »Ein Fisch fängt immer am Kopf an zu stinken.«*

Stimmen Sie mit Ihrer Crew, die meist auch Ihre Familie ist, das Tagesfahrziel ab. Jeder übernimmt auch alle anfallenden Arbeiten im Wechsel. Abwaschen und Aufräumen sind nicht nur Aufgaben für die Crew, während der Skipper sich »wichtigeren« Dingen zuwendet. Bei uns, den Autoren, werden an Bord alle Aufgaben auch von beiden erledigt. Das schafft ein gutes Crewklima, da Sie Ihre Mitreisenden, auf deren Hilfe Sie bei der Bootsführung angewiesen sind, mit einbeziehen und sich selbst von keiner Arbeit an Bord ausnehmen. Es mag wohl mit dem Auto klappen, dass Sie einfach so alleine losfahren können. Mit einem Hausboot schaffen Sie das nicht so ohne weiteres, zumindest nicht ohne jahrelanges Training und entsprechende Erfahrung. Daher reiten wir auch so ausgiebig auf diesem Thema herum: Auch der beste Charterskipper vermag nichts oder doch nur sehr wenig ohne eine glückliche, zufriedene Crew.

■ Knotenkunde

In der Seefahrtsgeschichte wurde schon viel über die richtigen Knoten geschrieben. Unsere Erfahrung hat gezeigt, dass das richtige Stecken der Knoten sich am besten aus Bildern erschließt. Sie finden nachfolgend die wichtigsten Knoten, die Ihnen in Ihrer Seefahrerkarriere immer wieder in der Praxis abverlangt werden. Versuchen Sie, die Knoten anhand der schrittweisen Darstellung auf den Fotos selbst zu stecken.

KNOTENKUNDE

Der Kreuzknoten

Dieser Knoten dient dem Verbinden von zwei Leinen gleicher Stärke.

Der Slipstek

Wenn Sie einen Fender oder etwas anderes nur kurze Zeit anbinden wollen und den Knoten mit nur einem Handgriff wieder lösen möchten, lernen Sie den Slipstek.

Der Webeleinstek

Der Webeleinstek dient dem Anbringen der Fender an der Reling oder dem kurzzeitigen Anbinden der Vor- und der Heckleine.

SEEMANNSCHAFT/CREWWISSEN

Der Kopfschlag

Der Kopfschlag zählt zu den wichtigsten Knoten an Bord. Den Kopfschlag brauchen Sie zum Belegen der Festmacher auf den Klampen an Bord.

Der Schotstek

Wollen Sie zwei Leinen unterschiedlicher Stärke miteinander verbinden, so benutzen Sie den Schotstek.

Der Palstek

Der Palstek wird verwendet, wenn Sie ein »Auge« brauchen, dass sich nicht zuzieht, zum Beispiel, wenn Sie eine Leine über einen Dalben oder einen Poller legen wollen.

In der praktischen Einweisung durch Ihr Charterunternehmen werden Sie die Knoten sicherlich gezeigt bekommen. Deshalb nur Mut, auch wenn die Knoten nicht auf Anhieb klappen: Es wird schon! Zumindest mit ein bisschen Übung …

Bootsfahrpraxis

■ Vor dem Ablegen

Besprechen Sie mit Ihrer Crew das Ablegemanöver und weisen Sie jedem eine Aufgabe zu, die er auch sicher bewerkstelligen kann. Zum Ablegen eines Hausbootes brauchen Sie zusätzlich zum Rudergänger einen, besser jedoch zwei Helfer. Ein Helfer übernimmt die Vorleine und die Vorspring am Bug des Hausbootes, der zweite Helfer

Bei Landannäherung, beim Anlegen und beim Schleusen fahren Sie nur sehr langsam und ohne sichtbare Bugwelle. Merke: Es gibt nur zu schnell, nie zu langsam.

bedient die Achterleine und die Achterspring. Die übrigen Personen an Bord teilen Sie so ein, dass diese den in den Ablegevorgang eingebundenen Helfern nicht im Weg stehen, diesen jedoch im Bedarfsfall schnell zur Hand gehen können.

Beim An- und Ablegen darf niemand, unter welchen Umständen auch immer, seine Hände oder Füße zum Abstoßen oder Abhalten eines schweren Hausbootes von Bord an die Kaimauer oder an den Steg halten. Die Gefahr, dabei eingequetscht zu werden, ist dafür viel zu groß. Machen Sie das Ihren Helfern unbedingt klar. Lassen Sie lieber das Boot unsanft an den Steg stoßen, als einem Ihrer Freunde oder Familienmitglieder in Zukunft mit dem Rollstuhl behilflich sein zu müssen. Auch bei langsamer Fahrt ist die Wucht eines über zehn Tonnen schweren Hausbootes sehr beachtlich. Tragen Sie deshalb unbedingt dafür Sorge, dass Sie und Ihre Crew dies niemals an Bord vergessen.

Für die Fahrmanöver ist es notwendig, zu wissen, woher der Wind weht, also wo Luv und wo Lee ist. Diese beiden Angaben beziehen sich auf die Richtung des Windes zu unserem Boot.

Merke: Spuckst du nach Lee, geht's in die See, spuckst du nach Luv, kommt's wieder ruff. Folglich ist Luv die dem Wind zugewandte und Lee die dem Wind abgewandte Seite unseres Hausbootes.

Im Kapitel Crewwissen haben wir schon erwähnt, dass alle, die dazu geeignet sind, die Bootsführung und das Agieren als Rudergänger auch tatsächlich üben sollten. Steigen wir also gleich ein in die Grundlagen der verschieden Fahrmanöver und die Verteilung der Aufgaben.

Damit Ihre Crew rechtzeitig erfährt, dass eine Änderung des momentanen Fahrzustands ansteht, informieren Sie diese darüber, dass es etwas zu erledigen gibt. Die entsprechenden Kommandos heißen »Ankündigungskommandos« und beginnen mit den Worten »Klar zum ...«. Auf dieses Kommando hin begibt sich jedes Mitglied Ihrer Crew an den ihm vorher zugewiesenen Platz auf dem Hausboot. So begibt sich beispielsweise eine Person zum Vorschiff zum Bedienen der Vorleine, während eine weitere Person zum Heck geht und die Achterleinen bereit macht.

Tipp: Jeder an Bord sollte jede Station (Rudergänger, Vorleinen, Achterleinen usw.) mindestens einmal ausprobieren, und die Aufgaben, die Ihren jeweiligen Crewmitgliedern am meisten liegen, sollten diese dann auch möglichst auf Dauer besetzen. Natürlich muss jedes Crewmitglied darüber hinaus aber auch an mindestens einer weiteren Station als Springer eingesetzt werden können. Lassen Sie vor allem die Frauen an Bord die Anlegemanöver als Rudergänger ausprobieren, denn meistens haben die Männer mehr körperliche Kraft und sind deshalb besser dazu geeignet, das Boot im Bugbereich von der Schleusenwand oder einer Kaimauer abzuhalten. Zum Fernhalten des Bootes verwenden Sie immer den an

AB- UND ANLEGEN

Bord befindlichen Bootshaken und niemals Hände oder Füße direkt. Bedenken Sie, dass Sie im Falle des Abrutschens Gefahr laufen, Ihre Hände oder Füße zwischen Boot und Schleusenwand eingequetscht zu bekommen. Daher opfern Sie und Ihre Crew im Zweifelsfall lieber die Kaution für das Boot als die Gliedmaßen eines Ihrer Mitreisenden.

Folgende Kommandos und Rückmeldungen sind erforderlich, um ein Ferienhausboot sicher zu führen. Üben Sie vor Fahrtantritt mit Ihren Mitreisenden die Kommandos nebst den Rückmeldungen, damit Sie die Grundlagen einer eingespielten Mannschaft bereits mit an Bord bringen und nicht erst während der ersten beiden Urlaubstage erlernen müssen. Damit ersparen Sie und Ihre Mitreisenden sich den Druck, die Kommandos üben zu müssen, während Sie noch mitten dabei sind, sich mit dem Boot vertraut zu machen. Außerdem gelingt es nach entsprechenden Vorübungen allen Beteiligten, sich schneller in die Bootsführung einzuarbeiten, weil die Begriffsdefinitionen bereits bekannt und gebräuchlich sind.

■ Ab- und Anlegen

Längsseits Ablegen

Wenn Ihr Hausboot längsseits, also längs an einem Steg oder einer Kaimauer vertäut liegt, sind bei korrekter Anwendung der Festmacher vier Leinen ausgebracht.

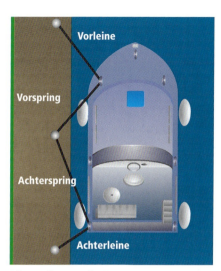

Längsseits angelegt.

Ein Festmacher läuft vom Bug diagonal zum Land nach vorne weg und ist an Land auf einem Poller befestigt. Dieser Festmacher heißt »Vorleine«. Ein Festmacher läuft vom Bug diagonal in Richtung der Anlegestelle zum Heck und wird ebenfalls an Land auf einem Poller belegt. Dieser Festmacher heißt »Vorspring«. Ein Festmacher läuft vom Heck diagonal nach hinten zum Land und wird auf einem Poller belegt. Dieser Festmacher heißt »Achterleine«. Ein Festmacher läuft vom Heck diagonal in Richtung der Anlegestelle zum Bug und wird wiederum an Land auf einem Poller belegt. Dieser Festmacher heißt »Achterspring«. Zum längsseits Ablegen werden daher alle Leinen nacheinander eingeholt und nur die Vorspring wird, einmal in Form einer Schlaufe um den an Land befindlichen Poller gelegt, über eine Belegklampe am Bug geführt und dort belegt. (Die entsprechenden Knoten finden Sie im Abschnitt »Knotenkunde«).

BOOTSFAHRPRAXIS

Klar zum Ablegen, alle Leinen los, bis auf Vorspring. Die Vorspring wird um die Belegklampe gelegt und in der Hand gehalten. Dadurch kann die Person am Vorschiff das An- oder Ablegemanöver des Rudergängers besser unterstützen.

Die Vorspring ist fest, nun kann bei vorwärts eingekuppeltem Motor und je nach Ruderlage mit dem Heck zum Land oder von diesem weg gedreht werden.

AB- UND ANLEGEN

Kommando Rudergänger:
»Klar zum Ablegen! Alle Leinen los, bis auf Vorspring!«
Antwort Vorschiffscrew: »Vorleine los!«
Antwort Heckcrew: »Achterleine und Achterspring los!«
Rudergänger: Das Lenkrad bis zum Endanschlag zur Anlegeseite hin drehen. Blick über die Schulter, um sicherzustellen, dass sich nichts hinter dem Hausboot befindet. Vorwärtsgang einlegen. (Boot wird von Vorspring gehalten und dreht Heck vom Steg weg.) Beim Erreichen eines Winkels von etwa 45 Grad gegenüber der Anlegestelle auskuppeln.

Das Boot ist gut abgefendert. Sie legen Ruder in Richtung Land bis zum Anschlag. Alle Leinen sind los, außer der Vorspring. Sie kuppeln vorwärts ein. Das Heck dreht sich vom Steg weg.

1.

Kommando Rudergänger:
»Vorspring los!«
Antwort Vorschiffscrew:
»Vorspring ist los!«
Kommando Rudergänger:
»Manöver beendet, Festmacher klarmachen!«
Rudergänger: Das Ruder mittschiffs legen, also genau in die Mittelstellung zwischen dem maximalen Links- und dem maximalen Rechtseinschlag des Steuerruders. Rückwärtsgang einlegen und mit Standgas oder geringfügig höherer Drehzahl so weit rückwärts fahren, bis genügend Abstand zur Anlegestelle erreicht wurde, um im Vorwärtsgang bei eingeschlagenem Ruder Fahrt vom Steg weg aufnehmen zu können.

Sie drehen das Ruder mittschiffs und kuppeln aus. Danach wird die Vorspring gelöst und eingeholt.

2.

Sie kontrollieren, ob achteraus alles frei ist, kuppeln rückwärts ein und fahren das Boot langsam von der Pier weg.

3.

BOOTSFAHRPRAXIS

Längsseits Anlegen

Sie fahren ganz langsam in die Nähe eines geeigneten Anlegeplatzes, an dem Sie die volle Hausbootlänge parallel zu einem Steg oder einer Kaimauer anlegen können. Sie haben Ihre Crew schon vor der Annäherung an den Anlegeplatz oder an den Hafen ihre Anlegestationen besetzen lassen. Damit Ihre Crew auch genau weiß, an

Anlegefehler: Die Vorspring ist viel zu kurz gespannt und verhindert dadurch, dass das Heck des Bootes schwenken kann. Faustformel: Etwa 1/3 der Bootslänge sollte die ausgebrachte Vorspringlänge betragen. Die Person am Vorschiff bleibt an Bord, sollte der Rudergänger einen neuen Anlauf zum Anlegen fahren müssen, steht sonst die Vorschiffscrew allein an Land und der Rudergänger ist allein an Bord. Richtig wäre: Die Person am Vorschiff wirft die Vorspring in einer weitläufigen Schlaufe vom Boot über einen nahen Dalben, führt das lose Ende auf die Belegklampe zurück, ohne die Spring zu belegen, und führt die über die Belegklampe umgelenkte Vorspring aus der Hand.

AB- UND ANLEGEN

welcher Bootsseite Sie anlegen wollen, wird diese Seite beim Ankündigungskommando ausdrücklich benannt.
Kommando Rudergänger:
»Klar zum Anlegen an Steuerbord/Rechts (oder Backbord/ Links)!«
Antwort Vorschiffscrew:
»Bootshaken, Fender und Festmacher bereit!«
Kommando Rudergänger:
»Lege an Steuerbord (oder Backbord) an!«
Rudergänger: Vorwärtsgang einlegen und etwa im 45-Grad-Winkel langsam an die Anlegestelle heranfahren.
Kommando Rudergänger:
»Klar bei Vorspring!«
Antwort Vorschiffscrew:
»Vorspring ist klar!«
Rudergänger: Fährt weiter wie beschrieben an die Anlegestelle heran, bis eine Klampe oder ein Dalben erreicht wird.
Kommando Rudergänger:
»Vorspring festmachen!«
Vorschiffscrew: Wirft die Vorspring als Schlaufe um den Dalben oder einen Poller, gibt der Vorspring genügend Länge (etwa 1/3 der Bootslänge) und führt diese zurück auf die Belegklampe.
Antwort Vorschiffscrew: »Vorspring fest!«
Rudergänger: Schaltet den Gas-/Schalthebel auf »neutral« (auskuppeln) und dreht das Ruder vom Steg weg.
Kommando Rudergänger:
»Klar bei Achterleine!«
Antwort Heckcrew:
»Achterleine ist klar!«.
Rudergänger: Legt vorsichtig den Vorwärtsgang ein, kuppelt wieder aus und wiederholt das so lange, bis die Vorspring straff gezogen ist. Danach wird der Vorwärtsgang eingekuppelt und bleibt im Standgas eingelegt, bis alle Leinen fest sind. Während des »Eindampfens in die Spring« drückt das Heck an den Steg.
Kommando Rudergänger:
»Achterleine fest!«
Antwort Heckcrew: »Achterleine ist fest!«
Kommando Rudergänger:
»Manöver beendet, Festmacher belegen!«
Rudergänger: Kuppelt in aller Ruhe aus und stellt den Motor ab.

Kontrollieren Sie alle Leinen und Fender. Fahren Sie langsam an die Pier heran. Stoppen Sie rechtzeitig auf. Am Vorschiff wird die Vorspring ausgebracht.

1.

Die Vorspring ist dicht. Drehen Sie das Ruder vom Land weg. Vorwärts einkuppeln. Das Heck dreht sich an die Pier.

2.

BOOTSFAHRPRAXIS

Das Boot wird durch den in Vorwärtsfahrt eingekuppelten Propeller und das Ruder an die Pier gedrückt.

3.

Bringen Sie die Achterleine aus, bevor Sie auskuppeln und den Motor abstellen. Alle Leinen festmachen.

4.

Nachdem das Hausboot längsseits am Anlegeplatz liegt, bleibt die Maschine solange im vorwärts eingekuppelten Zustand, bis alle weiteren Festmacher ausgebracht und belegt sind. Erst danach wird ausgekuppelt und der Motor abgestellt. Wird nur mit der ausgebrachten Vorspring nach dem Längsseitsgehen ausgekuppelt, sorgt die sich entspannende Vorspring dafür, dass das Heck wieder vom Land wegdreht.

WENDEN AUF ENGEM RAUM

■ Geradeausfahrt

Nach dem Ablegen versuchen Sie zuerst einmal, auf einen bestimmten, weiter entfernten Punkt an Land zuzufahren. Entwickeln Sie hierbei ein Gefühl für das Ansprechverhalten des Bootes auf das Ruder und die Stellung am Gashebel. Sie werden schnell feststellen, dass die Reaktionen eines Hausbootes deutlich träger erfolgen als Sie dies vom Autofahren her kennen. Vor allem jedoch unterstützt das Schiffsruder Sie nicht beim Beenden einer Kurvenfahrt, wie Sie das vom Autofahren her gewohnt sind. Das Steuerrad dreht nicht wieder von selbst zurück auf die Mittelstellung, sondern Sie müssen es aktiv zurückdrehen. Mit einem Ruderlage-Anzeigeinstrument, das auf vielen Charteryachten eingebaut ist, erkennen Sie die Mittelstellung des Ruders sehr gut. Doch häufig ist am Außenfahrstand kein Ruderlageanzeiger, deshalb versuchen Sie schnellstmöglich, ein Gefühl für die Geradeausfahrt zu bekommen.

Tipp: Suchen Sie sich vom Außenfahrstand zwei feste Punkte am Hausboot, über die Sie peilen können ähnlich wie bei einem Luftgewehr. Meist ist dies der Bug und der kleine Mast mit einem Wimpel oder den Positionslampen. Wenn Sie diese beiden Fixpunkte im Auge behalten, erkennen Sie sofort, ob das Boot eine Drehbewegung vollführt oder ob es geradeaus fährt. Nach ein bis zwei Tagen haben Sie bestimmt das Gefühl für Richtungsänderungen »im Bauch« und können frühzeitig mit

kleinsten Ruderkorrekturen Pendelbewegungen ausgleichen.

■ In Fahrtrichtung aufstoppen

Wir haben auf Booten kein Bremspedal, trotzdem müssen wir das Boot anhalten oder die Geschwindigkeit schnell verringern können. Dies zu erreichen dient das folgende Manöver.
Rudergänger fährt in Vorwärtsfahrt. Fahrt reduzieren und auskuppeln. Blick über die Schulter nach hinten, um sich zu vergewissern, dass hinter dem Boot alles frei ist. Rückwärtsgang einlegen und mit Ruder mittschiffs durch Gasgeben aufstoppen, ohne dabei das Boot zu verdrehen.
Kommando Rudergänger:
»Manöver beendet!«

■ Wenden auf engem Raum

Dieses Manöver dient dem Umkehren auf engeren Gewässerabschnitten, ist ideal zum Üben der Bootsbeherrschung und vermittelt Ihnen schnell das Gefühl dafür, wie Ihr Hausboot reagiert. Sie sollten es so oft wie möglich auf offenen Gewässerabschnitten mit allen an Bord üben.
Der Rudergänger reduziert die Fahrt. Das Manöver erfolgt bei rechtsdrehendem Propeller rechtsherum und bei linksdrehendem Propeller linksherum. Hier beschränken wir uns auf die Darstellung des Manövers mit rechtsdrehendem Propeller:

BOOTSFAHRPRAXIS

Wenden auf engem Raum erfolgt in drei Zügen und dient dem Umdrehen des Bootes in die entgegengesetzte Fahrtrichtung. Dies kann in kleineren, engen Häfen erforderlich sein, daher sollten Sie und Ihre Mitreisenden das Manöver auf offenen Gewässerabschnitten öfter üben.

Motor auskuppeln und Ruder bis zum Anschlag nach rechts drehen. Einkuppeln und mit Standgas oder nur etwas darüber etwa 90 Grad nach rechts einschwenken.

Motor auskuppeln und Ruder bis Anschlag in die Gegenrichtung drehen. Blick über die Schulter, um sich zu vergewissern, dass hinter dem Boot alles frei ist. Rückwärtsgang einrücken und langsam achteraus fahren. Etwa 20 Grad drehen. Auskuppeln, Ruder wieder bis zum Anschlag nach rechts drehen und Vorwärtsgang einlegen. Um weitere 70 Grad drehen, bis die Gegenrichtung zum ursprünglichen Kurs erreicht ist. In Fahrtrichtung aufstoppen.

Kommando Rudergänger: »Manöver beendet!«

In einigen Yachthäfen befinden sich Heckdalben, an denen die Achterleinen des Bootes angebunden werden. Oder wir legen an einer Festmacherboje an. Dieses Fahrmanöver vermittelt Ihnen die Kenntnisse, die es Ihnen ermöglichen, sicher an Bojen und Stegen mit Heckanbindepfählen anlegen zu können.

WENDEN AUF ENGEM RAUM

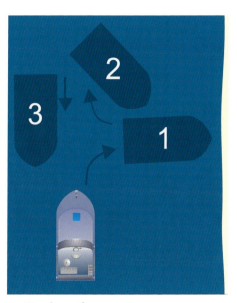

Wenden auf engem Raum.

Anlegen an der Boje

Kommando Rudergänger:
»Klar zum Anlegen an der Boje!«
Antwort Vorschiffscrew:
»Vorleine und Bootshaken klar!«
Rudergänger: Nähert sich der Boje bis auf etwa sechs bis acht Meter.
Kommando Rudergänger:
»Entfernung anzeigen!«
Vorschiffscrew: Zeigt mit den Fingern der Hand die Entfernung zur Boje in Metern.
Rudergänger: Stoppt etwa einen halben Meter vor der Boje auf.
Kommando Rudergänger:
»Vorleine festmachen!«
Antwort Vorschiffscrew:
»Vorleine fest!«
Kommando Rudergänger:
»Manöver beendet!«

Anlegen an einer Steganlage mit Heckdalben

Kommando Rudergänger:
»Klar zum Anlegen an Steg mit Dalben!«
Antwort Vorschiffscrew:
»Vorleine und Bootshaken klar!«
Antwort Heckcrew:
»Achterleinen bereit!«
Rudergänger: Nähert sich ganz langsam den Dalben und fährt vorsichtig mit dem Bug zwischen die Anbindepfähle, dort wird die Fahrt durch kurzes Aufstoppen weiter reduziert.
Heckcrew: Steht in Schiffsmitte, achtet auf klarierte und ausreichend lange Leinen.
Kommando Rudergänger:
»Achterleinen über!«
Heckcrew: Wirft die Heckleinen als Schlaufe über die Dalben und hält sie lose. Nimmt die losen Enden der Leinen mit nach achtern.
Rudergänger: Kuppelt langsam auf Vorausfahrt ein.
Kommando Rudergänger:
»Entfernung zum Steg anzeigen!«
Vorschiffscrew: Zeigt mit den Fingern der Hand die Entfernung zum Steg in Metern.
Rudergänger: Stoppt etwa einen halben Meter vor dem Steg auf.
Kommando Rudergänger:
»Vorleine festmachen!«
Antwort Vorschiffscrew:
»Vorleine ist fest!«
Kommando Rudergänger
»Achterleinen fest!«
Antwort Heckcrew:
»Achterleinen sind fest!«
Kommando Rudergänger:
»Manöver beendet!«

BOOTSFAHRPRAXIS

■ Mann-über-Bord-Manöver

In über 30 Jahren Wassersport habe ich niemals ein echtes »Person-über-Bord-Manöver« fahren müssen. Wenn Sie und Ihre Mitreisenden etwas Umsicht walten lassen, dürfte es auch Ihnen erspart bleiben. Dennoch sollte jeder an Bord, der für die Bootsführung geeignet ist, diese Manöver so oft fahren, bis er sie beherrscht. Und selbst derjenige, der sie beherrscht, sollte sie regelmäßig immer wieder üben. Denn es geht im Ernstfall um Minuten, und der Ernstfall ist für die über Bord gegangene Person in jedem Falle lebensbedrohlich. Deshalb legen wir Ihnen das Üben dieser Manöver so nachdrücklich ans Herz. Und im Übrigen trainieren Sie beim Person-über-Bord-Manöver alle weiteren Fahrübungen wie Wenden auf engem Raum, kursgerecht Aufstoppen usw. gleich mit.

Solange wir üben, benutzen wir ausschließlich den Ruf »Boje (oder Fender oder Gegenstand) über Bord!« Der Alarmschrei »Frau (oder Mann oder Person) über Bord!« ist nur dem echten Notfall vorbehalten, um zu gewährleisten, dass in einem solchen echten Notfall der Alarmruf auch entsprechend ernst genommen wird und nicht wertvolle Sekunden oder gar Minuten verloren gehen, weil ein Crewmitglied das Ganze für eine weitere Übung hält.

Ein Fender, Rettungsring oder sonstiger schwimmender Gegenstand wird über Bord geworfen, ohne dass es der Rudergänger bemerkt, dann erfolgt der Ruf »Boje über Bord an Steuerbord/Rechts (oder Backbord/Links)!«.

Rudergänger: Kuppelt sofort aus und dreht durch Ruderlegen Heck von der Boje weg.

Kommando Rudergänger: »Rettungsmittel ausbringen, Ausguck besetzen!«

Rudergänger: Fährt einen weitausholenden Kreis und stoppt so auf, dass ab der Bootsmitte das Getriebe auf neutral ausgekuppelt wird und die Boje in Lee neben dem Heck zu liegen kommt. Hierbei erfolgt die Information der Crew durch den Rudergänger: »Nehme Boje an Steuerbord (oder Backbord) auf!« Nach dem Aufstoppen in Fahrtrichtung erfolgt das

Kommando Rudergänger:
»Boje aufnehmen!«
Rückmeldung Crew:
»Boje aufgenommen!«
Kommando Rudergänger:
»Manöver beendet!«

Das Boje-über-Bord-Manöver sollte täglich geübt werden.

MANN-ÜBER-BORD-MANÖVER

Im realen Person-über-Bord-Fall schalten Sie unbedingt nach der Sicherung der im Wasser treibenden Person den Motor aus, um ein versehentliches Einkuppeln während der Bergung zu vermeiden. Ein drehender Propeller kann im Wasser treibenden Personen schwerste Verletzungen zufügen. Deshalb schalten Sie den Motor aus, statt nur auszukuppeln.

Wenn Sie die bislang erklärten Fahrmanövern sicherer beherrschen, sind Sie jederzeit in der Lage, die Kontrolle über das Hausboot zu behalten. Daher üben Sie diese Manöver bei der praktischen Einweisung und auch während der Reise mindestens einmal täglich mit allen Mitreisenden an Bord und auch mit vertauschten Rollen. Jeder an Bord, der es vom Gesetz aus darf, sollte das Boot fahren können. Es nützt nur wenig, wenn Sie ein Universalgenie der Bootsbeherrschung an Bord haben und tragischerweise ausgerechnet dieses beim »außenbordigen Wasserlassen« über Bord fällt, wenn dann kein weiteres Crewmitglied an Bord in der Lage ist, den armen Teufel wieder aus dem Wasser zu bekommen. Klingt unglaubwürdig? Es ist aber leider so: 90 % aller Personen- oder in diesem Falle doch eher Mann-über-Bord-Fälle im Seebereich enden mit dem Tod des über Bord Gegangenen. Meist fallen nämlich Männer ins Wasser, und zwar beim Über-Bord-Pinkeln. Schon allein deshalb sollten Sie und alle anderen an Bord immer die Bordtoilette benutzen. Dies ist nicht nur hygienischer, sondern auch sicherer.

Nochmals: Lassen Sie beim Üben des Mann-über-Bord-Manövers wirklich alle, die es dürfen, selbst ans Ruder, damit mehrere Mitglieder Ihrer Crew die Manöver fahren können.

Häufig haben Frauen am Ruder mehr Feingefühl als Männer. Besonders Anlegemanöver und Schleuseneinfahrten sollten die Frauen an Bord ausprobieren, da Männer aufgrund ihrer größeren Körperkraft besser am Vorschiff aufgehoben sind, um den Bug abzuhalten oder die Leinen auszubringen.

BOOTSFAHRPRAXIS

Einfahrt in die Schleuse, langsam und ohne Aufregung.

SCHLEUSEN UND SELBSTBEDIENUNGSSCHLEUSEN

■ Schleusen und Selbstbedienungsschleusen

Da die Natur es nicht so eingerichtet hat, dass alle Seen auf dem gleichen Höhenniveau liegen, müssen Schiffer, die von einem See zum andern unterwegs sind, gegebenenfalls auf der Strecke vorhandene Höhenunterschiede oftmals mit Hilfe von Schleusen überwinden. Eine Schleuse funktioniert immer nach demselben Grundschema. In einen Wasserlauf wird eine Schleusenkammer gebaut, die über zwei Tore verfügt. Das Obertor ist dem höheren Wasserpegel zugewandt und das Untertor weist zur niedrigeren Wasserseite. Meist bestehen sowohl Obertor als auch Untertor aus je zwei Torhälften, die in geschlossenem Zustand wie ein spitzer Schneepflug zur Oberseite weisen. Da-

Erst die Vorleine fest und mit vorwärts eingekuppeltem Motor in die Spring eindampfen, dann die Heckleine ausbringen.

BOOTSFAHRPRAXIS

Niemals die Festmacher beim Schleusen belegen! Führen Sie den Festmacher lose über die Belegklampe am Boot und halten Sie diesen während des gesamten Schleusenvorganges in der Hand. Somit können Sie das Heben oder Senken des Bootes über die Festmacher mitführen. Können Sie sich vorstellen, was passieren würde, wenn die Festmacher belegt werden?

durch drückt der Wasserdruck bei schwindendem Wasser in der Schleusenkammer das Obertor noch fester zu. In den Schleusenkammern befinden sich kurz vor den Toren gelbe Farbmarkierungen. Einfahrende Schiffe und Boote dürfen nur bis zu dieser Markierung vorfahren und auch während des Schleusenvorganges nicht über die gelbe Begrenzungslinie in Torrichtung hinaustreiben. Hinter der gelben Markierung befindet sich vor dem Obertor der Drempel, eine Stufe aus Stein oder Beton, die erst bei vollständig gefüllter Schleusenkammer weit genug unter Wasser liegt,

SCHLEUSEN UND SELBSTBEDIENUNGSSCHLEUSEN

Achten Sie beim Schleusen besonders auf die Kleinstfahrzeuge vor, hinter oder neben Ihnen.

um keine Gefahr mehr darzustellen. Grundsätzlich gilt: Es wird in der Reihenfolge der Ankunft in die Schleusenkammer eingefahren. Diese Einteilung wird Schleusenrang genannt. Generell ist es mehr als unschicklich, sich beim Schleusen vorzudrängeln. Zuerst fahren die größeren Bootseinheiten nach vorne in die Schleusenkammer, dann die mittleren und zuletzt die Kanuten. Diese füllen die verbleibenden Zwischenräume in der Schleusenkammer auf. Sollten Sie Kanuten mit in der Schleuse haben, achten Sie besonders auf deren Verletzbarkeit. Wenn einem großen

BOOTSFAHRPRAXIS

Auch die Vorleine wird beim Schleusen aus der Hand geführt.

Hausboot die Festmacher abrutschen und dies dann führungslos in der Schleusenkammer treibt, kann das zu äußerst gefährlichen Situationen für die Kanuten kommen. Folglich ist Vorsicht und gegenseitige Rücksichtnahme oberste Schleusenpflicht. Wenn in dem von Ihnen bereisten Revier Selbstbedienungsschleusen vorkommen, wird Ihnen Ihr Vercharterer sicher eine Bedienungsanleitung für diese Schleusen ins Bordbuch legen. Die Bedienung ist nicht schwierig, erfordert vor dem Schleusen jedoch den Blick nach hinten, ob noch andere Boote mitkommen wollen. Im Gegensatz zu der in der Sportbootvermietungsverordnung dargestellten Weise des Schleusens raten wir dringend davon ab, ein Crewmitglied beim Bergschleusen über die glitschige Leiter in den Schleusenwänden abzusetzen, damit dieses hochklettert und von Land die Leinen annimmt. Zu groß ist die Gefahr des Abrutschens und des Sturzes ins Schleusenbecken. In den Schleusenwänden sind Belegpoller und Führungsstangen eingelassen. Führen Sie eine Vorleine durch so eine Belegmöglichkeit und als nächstes eine Achterleine. Die Leinen werden beim Schleusen aus der Hand geführt und unter gar keinen Umständen belegt. Beim Hochschleusen kann es erforderlich sein, die Vor- und die Achterleine eine Etage höher um den nächsten

ANKERN

Erst, wenn die Schleusentore vollständig geöffnet sind, wird aus der Schleuse herausgefahren.

in die Schleusenwand eingelassenen Poller zu legen. Dies erfolgt wechselseitig mit den Festmachern. Lösen Sie niemals beide Leinen gleichzeitig zum Höherlegen.

■ Ankern

Die Sonne neigt sich langsam zum westlichen Horizont, und Sie entdecken eine malerische Bucht. Eigentlich wollten Sie in einen Yachthafen fahren, doch diese Stelle betört Sie und Ihre Mitreisenden. Na, dann bleiben Sie doch einfach über Nacht hier, kein Problem.

Wo darf ich ankern? Generell dürfen Sie überall vor Anker liegen, wo Sie die Sicherheit und Leichtigkeit des Schiffsverkehrs nicht behindern. Das ist außerhalb von betonnten Fahrwassern und Kanälen, nicht an Brücken, Schleusen Wehren und anderen Wasserbauwerken. Wenn Sie eine schöne Ankerbucht gefunden haben und dort übernachten wollen, achten Sie darauf, dass die Bucht auch guten Wetterschutz bei plötzlich aufkommendem Gewitter bietet. Sollten Sie also die letzten Strahlen der Abendsonne genießen, dann liegen Sie meist auf der falschen Uferseite, da die Sonne im Westen versinkt und ihre Strahlen daher das östliche Ufer treffen. Am Ostufer liegen Sie jedoch bei einem nächtlichen Gewitter geradezu auf dem »Präsentierteller«. Daher ankern Sie so lange in der Abendsonne, wie Sie mögen und wach sind, zum Übernachten sollten Sie jedoch das Westufer aufsuchen, das in den meisten Fällen einen besseren Schutz vor Gewittern bietet. Der Vorteil einer Übernachtung am westlichen Ufer liegt auch darin, dass zum Frühstück die Morgensonne wieder auf Ihren Ankerplatz fällt.

Wie wird geankert? Ihr Vermieter wird Ihnen die Ankertechnik an Bord erklären. Unabhängig davon, ob Ihr Charterboot eine Ankerwinsch hat oder ob (bei kleineren Booten) der Anker mit der Hand ausgebracht und eingeholt wird, gilt jedoch folgendes grundsätzlich: Bei Ankern, die an einer Ankerkette befestigt sind, geben Sie die dreifache Wassertiefe als Länge der Ankerkette, bei Ankern an Ankerleinen die fünffache Wassertiefe. (Beispiel Kette: 3 Meter Wassertiefe = 9 Meter Ankerkette; Beispiel Ankerleine: 2 Meter Wassertiefe = 10 Meter Ankerleine.) Achten Sie auf Ihren Abstand zum Ufer, auf den meisten Seen ist das Ankern mit weniger als 10 Meter Abstand zum Ufer verboten. Außerdem wächst, wenn Sie diese Distanz unterschreiten, auch die Gefahr, zu stranden oder aufzulaufen. Beachten Sie ferner, dass Sie vom Wind abgetrieben werden können. Berücksichtigen Sie deshalb den »Schwojkreis« Ihres Bootes, das ist der Radius der Ankerleine oder -kette rings um Ihren Anker. Innerhalb des Schwojkreises darf sich kein anderes Boot oder sonstiges Hindernis befinden, da Sie sonst vom Wind auf dieses Hindernis getrieben werden könnten, obwohl der Anker vorschriftsmäßig hält. Wenn Sie einen zweiten, kleineren Anker an Bord haben, drehen Sie mit dem vorderen, dem Buganker, Ihren Bug in den Wind und bringen den kleineren Anker als Heckanker aus. Das verhindert im Regelfall das Verdriften und Schwojen. Meiden Sie Ankerplätze mit Steinen, wobei mit Steinen nicht kleine Kieselsteine, sondern große Findlinge und ähnliche Brocken ab einem Durchmesser von einem halben Meter aufwärts gemeint sind.

Das Ankermanöver selbst läuft wie folgt ab: Sie nähern sich mit sehr langsamer Geschwindigkeit dem Ankerplatz. Es befindet sich bereits eine Person auf dem Vorschiff nahe der Ankerwinsch oder dem Anker. Diese Person sagt Ihnen auch die Wassertiefe und die Beschaffenheit des Untergrundes an (Sand, Schlick oder Steine). Wenn Sie sich am Steuer von der Eignung des Platzes überzeugt haben und die vorher genannten Punkte wie Untergrund, Abstand zum Ufer und anderen Objekten berücksichtigt haben, stoppen Sie auf.
Kommando Rudergänger: »Klar bei Anker!«
Rückmeldung Vorschiffscrew:
»Anker ist klar!«
Kommando Rudergänger:
»Fallen Anker! Ankerkettenlänge (oder -

TANKEN

leinenlänge) dreifache (oder fünffache) Wassertiefe!«

Rudergänger: Kuppelt gleichzeitig den Motor auf Rückwärtsfahrt ein, ohne dabei Gas zu geben, sodass die Ankerkette oder -leine nicht direkt auf den Anker fällt, sondern sich gleichmäßig auf den Gewässerboden legt.

Vorschiffscrew: Belegt die Ankerleine auf einer Belegklampe am Bug oder betätigt den Schalter der Ankerwinsch am Steuerstand und stoppt diese, sobald die gewünschte Ketten- oder Leinenlänge erreicht ist.

Rudergänger: Kuppelt nochmals auf Rückwärtsfahrt ein und gibt diesmal leicht Gas, sobald die Ankerleine oder -kette fest ist. Das gräbt den Anker ein. Wenn ein leichter Ruck durch das Boot geht, sitzt der Anker fest und Sie können im Regelfall bei gleichbleibend gutem Wetter beruhigt vor Anker übernachten.

■ Tanken

Die meisten Charterboote der großen Hausbootvermieter sind mit großen Treibstofftanks ausgerüstet, sodass es in aller Regel im Verlaufe eines Hausbooturlaubs kaum nötig sein wird, den Treibstoffvorrat aufzufüllen. Sollten Sie dennoch nachtanken müssen, beherzigen Sie folgende

Tipps:

Das Tankstellennetz entlang der Wasserstraßen ist sehr dünn, daher sollten Sie Ihre Tankstopps frühzeitig einplanen. Ihr Vercharterer kann Ihnen Marinas mit Betankungsmöglichkeit nennen. Wenn Sie noch nie eine Yacht betankt haben, legen Sie zuerst am Tankplatz an. Meist ist die dafür geforderte Anlegetechnik das »Längsseits Anlegen« ähnlich dem Anlegen an einer Schleusenwand. Fahren Sie langsam und mit der Seite an den Tankplatz, an der sich der Einfüllstutzen zum Betanken (Tankdeckelbeschriftung »Fuel«, »Diesel« oder »Bränsle«) befindet. Vermeiden Sie dabei heftiges Ein- und Auskuppeln sowie starkes Beschleunigen. Übergeben Sie (oder lassen Sie das Ihre Vorschiffs- und Heckleinencrew tun) dem Tankwart die Vor- und dann die Heckleine, und befolgen Sie unbedingt seine Anweisungen. Wenn das Hausboot sicher vertäut wurde, wird der Tankwart meist ein Massekabel an einer Belegklampe anlegen, um eventuelle Kriechströme oder elektrostatische Aufladungen des Hausbootes zu erden. Erst dann kann die Zapfpistole in den offenen Tankstutzen eingesetzt werden. Wassertankstellen sind unter keinen Umständen für Selbstbedienung eingerichtet, versuchen Sie niemals, alleine zu tanken, sondern warten Sie immer auf den Tankwart!

Häufig besteht die Möglichkeit, an Tankstellen auch das Schmutzwasser zu entsorgen (s. Kapitel »Natur- und Umweltschonung«), nutzen Sie diese Gelegenheit. Der Tankwart kann Ihnen auch hierbei behilflich sein.

Weitere Informationen zum Thema Ver- und Entsorgung finden Sie auch im Bordbuch der Yacht oder des Hausbootes.

Wetterkunde

■ Wie erkenne ich die Wetterentwicklung?

Die Erde ist von einer Lufthülle umgeben, die auf der Erdoberfläche mit gleichmäßigem Druck liegen würde, wenn ihr Eigengewicht sich nicht durch ständige Erwärmung und Abkühlung verändern würde. Während sich warme Luft ausdehnt und dadurch aufsteigt, zieht sich abkühlende Luft zusammen und sinkt in Bodennähe. Dieser Prozess hat direkte Auswirkungen auf die Luftdichte. Warme Luft wird leichter und steigt in die Höhe, deswegen sinkt der Luftdruck und ein Tiefdruck (Tief oder T) entsteht. Kalte Luft wird durch das Zusammenziehen schwerer und sinkt zu Boden, dadurch steigt der Luftdruck und es entsteht ein Hochdruckgebiet (Hoch oder H).

Hoch- und Tiefdruckgebiete verlagern sich in bestimmten Zugbahnen und mit unterschiedlichen Geschwindigkeiten. Deswegen trifft die weit verbreitete Meinung, nach der ein Hoch schönes Wetter bringt, nur zum Teil zu. Während es auf seiner Vorderseite meist schlechtes Wetter mit sich bringt, ist es im Kern und an seiner Rückseite meistens von besserem Wetter geprägt.

Der Luftdruckunterschied zwischen dem Hoch und dem Tief gleicht sich vom Hoch zum Tief aus, was bedeutet, dass ein Tief ein Hoch in sich »aufsaugen« kann, wobei sich ein Hoch im Uhrzeigersinn dreht und ein Tief gegen den Uhrzeigersinn. Durch die unterschiedlichen Drehrichtungen weht der Wind deshalb nur scheinbar gerade, tatsächlich aber dreht er sich vom Hoch ins Tief. Die schwere Luft des Hochs strömt also in die leichte Luft des Tiefs hinein. Je größer der Druckunterschied zwischen Hoch und Tief ist und je dichter die beiden Gebiete beieinander liegen, desto stärker ist der zu erwartende Wind.

Betrachten Sie bei der abendlichen Nachrichtensendung die Wetterkarte etwas genauer, können Sie feststellen, dass Gebiete gleichen Luftdrucks mit Linien verbunden sind, den so genannten Isobaren. Liegen die Isobaren auf der Wetterkarte dicht beisammen – der Abstand zwischen den Isobaren wird als Äquidistanz bezeichnet –, ist der Druckunterschied groß und es gibt starken Wind. Liegen die Isobaren weit voneinander entfernt, ist das Druckgefälle

WIE ERKENNE ICH DIE WETTERENTWICKLUNG?

Abendstimmung auf dem Wasser.

gering und Sie können sich auf leichte Winde einstellen.
Für die Wetterbeobachtung empfiehlt sich ein Barometer oder eine kleine digitale Wetterstation, wie sie in jedem Kaufhaus angeboten werden. Nicht der augenblickliche Luftdruck, in Hektopascal (hPA) gemessen, gibt uns Auskunft über die Wetterentwicklung, sondern erst die Beobachtung über einen längeren Zeitraum. Steigt oder fällt der Wert innerhalb von 24 Stunden um mehr als 10 hPA, ist mit Starkwind zu rechnen. Gleichbleibender oder langsam steigender Luftdruck kündigt eine

Schönwetterperiode an, und fallender oder gar schnell fallender Luftdruck deutet auf schlechtes Wetter hin. Die Windgeschwindigkeit wird in den meisten Fällen in Beaufort (Bft) gemessen.

Bei Wind über vier Bft dürfen Sie als Skipper mit Charterbescheinigung die großen Seen wie Müritz, Plauer See und Schweriner See nicht mehr überqueren.

Neben dem Wind, der aufgrund des Druckausgleichs entsteht, gibt es noch thermische Winde, die sich besonders in der Nähe großer Wasserflächen ausbilden. Tagsüber erwärmt sich die Luftmasse über dem Land und steigt auf. Vom See her strömt kalte Luft ans Land und erwärmt sich, wodurch auch diese aufsteigt. Solange die Sonneneinstrahlung anhält, wiederholt sich der Kreislauf. Dieser Wind wird Seewind genannt, weil er vom See zum Land weht.

Nach Sonnenuntergang dreht sich die Windrichtung, da die Luft über dem Wasser wärmer ist als die Luftmassen über dem Land. Nun steigt die wärmere Seeluft auf und Luft von Land strömt auf den See. Hierbei handelt es sich um den Landwind, weil dieser vom Land auf den See weht.

Zu den unangenehmen Wettererscheinungen auf dem Wasser zählen Gewitter. Hier unterscheiden wir zwei Gewitterarten, Frontgewitter und Wärmegewitter.

Frontgewitter bilden sich weitläufig aus einer Kaltfront aus, welche innerhalb eines Tiefs liegt, und unterliegen keinen Beeinflussungen vom Boden, wie sie durch Täler oder Berge hervorgerufen werden könnten. Frontgewitter erscheinen in einer Folge mehrerer Gewitter und gehen mit deutlicher Abkühlung einher.

Die häufigsten Vertreter der Sommergewitter sind jedoch Wärmegewitter. Diese sind lokal beschränkt. So kann es durchaus vorkommen, dass es auf der einen Seite der Müritz ein schweres Gewitter gibt, während die Bootsreisenden am gegenüberliegenden Ende des Sees davon gar nichts bemerken. Gefahr geht jedoch von den starken Sturmböen aus, die ein Wärmegewitter mit sich bringt. Hohe weiße Wolkentürme, die an ihrem oberen Ende in einer ambossähnlichen Form auswehen (Kumulonimbus) und sich um die Mittagszeit oder am frühen Nachmittag bilden, lassen für den Nachmittag oder Abend ein Gewitter erwarten, was in der Etappenplanung berücksichtigt werden sollte. Meist bilden sich Gewitter westlich oder südwestlich und ziehen langsam nach Osten oder Nordosten. Östlich stehende Gewitter haben daher nur sehr selten Auswirkungen auf uns. Vor denen im Westen müssen wir uns aber in Acht nehmen. Häufig springt der Wind kurz vor dem Gewitter auf östliche Richtungen, um dann wieder auf West zu drehen und mit Böenwalzen und starkem Schauer zurückzukehren. Es ist gut, wenn Sie dann schon im sicheren Hafen liegen.

Damit Sie die Wetterentwicklung etwas besser verstehen und Gewitterfahrten eher vermeiden können, schauen Sie sich den täglichen Wetterbericht im Fernsehen in Zukunft doch etwas genauer und mit dem neu erworbenen Sachverstand an.

Natur- und Umweltschonung

Wir reden an dieser Stelle absichtlich nicht von Umweltschutz, der Begriff hat etwas von den Dingen, die über allen anderen schweben. Wir sprechen von Umweltschonung, und der Unterschied liegt wie so oft im Detail. Wir haben schon Menschen kennen gelernt, die uns flammende Reden über den Umweltschutz und wider den Wassertourismus hielten, während sie ihre Zigarettenkippe mit den Füßen auf dem

Halten Sie immer einen großen Abstand zu Schilf- und Röhrichtbeständen ein.

NATUR- UND UMWELTSCHONUNG

Waldboden austraten. Umweltschutz ist etwas für die Anderen, und ja, selbstverständlich sind wir alle dafür, aber keiner muss etwas tun. Eine feine Sache, der Umweltschutz. Umweltschonung hingegen fängt bei uns selbst an. Quasi der eigene Verzicht auf etwas, was wir vielleicht gerne getan hätten. Umweltschonung ist beispielsweise das bewusste Vermeiden des ohnehin verbotenen, aber selten kontrollierten Einfahrens in Röhrichtbestände. Umweltschonung heißt auch, nicht an Ufern anzulegen und dort aus Unwissenheit die Vegetation zu zertrampeln. Umweltschonung heißt die vorgefundene Natur wieder so oder sauberer zu verlassen, wie Sie diese bei Ihrer Ankunft vorfanden. Deshalb will ich keine Umweltschützer treffen, aber viele Umweltschoner, denn dann kommen wir einen bedeutenden Schritt weiter in der Bewahrung eines der schönsten Lebensräume der Erde, entlang der weitläufigen Gewässer.

Der Lebensraum Flachwasser ist besonders sensibel und gefährdet. Ankern oder Betreten verursacht schwere, nur langsam verheilende Schäden.

ZEHN GOLDENE REGELN

■ Zehn goldene Regeln

Denken Sie noch ein wenig darüber nach, wie Sie selbst durch kleine »Selbstverständlichkeiten« dazu beitragen können, dass Sie auch in zehn Jahren an der gleichen Stelle noch gerne Urlaub machen wollen. In der Zwischenzeit stellen wir Ihnen die »Zehn goldenen Regeln« der Wassersport-Dachorganisationen vor.

Wie kaum eine andere Nutzergruppe haben besonders die Wassersportler, die in und mit der Natur leben, ein Interesse an intakter Natur. Deshalb wurden die zehn goldenen Regeln für das Verhalten von Wassersportlern in der Natur im November 1980 vom Deutschen Segler Verband (DSV) gemeinsam mit den Wassersport-Spitzenverbänden im Deutschen Sportbund und mit dem Deutschen Naturschutzring erarbeitet. Die Bedeutung, die der Kenntnis und Befolgung dieser Regeln beigemessen wird, wird besonders dadurch unterstrichen, dass die zehn goldenen Regeln Bestandteil der Prüfung zum Sportbootführerschein Binnen und See geworden sind.

10 goldene Regeln für das Verhalten von Wassersportlern in der Natur

1. Meiden Sie das Einfahren in Röhrichtbestände, Schilfgürtel und alle sonstigen dicht und unübersichtlich bewachsenen Uferpartien. Meiden Sie darüber hinaus Kies-, Sand- und Schlammbänke (Rast- und Aufenthaltsplatz von Vögeln) sowie Ufergehölze. Meiden Sie auch seichte Gewässer (Laichgebiete), insbesondere solche mit Wasserpflanzen.
2. Halten Sie einen ausreichenden Mindestabstand zu Röhrichtbeständen, Schilfgürteln und anderen unübersichtlich bewachsenen Uferpartien sowie Ufergehölzen – auf breiten Flüssen beispielsweise 30 bis 50 Meter.
3. Befolgen Sie in Naturschutzgebieten unbedingt die geltenden Vorschriften. Häufig ist Wassersport in Naturschutzgebieten ganzjährig, zumindest aber zeitweilig völlig untersagt oder nur unter bestimmten Bedingungen möglich.
4. Nehmen Sie in »Feuchtgebieten von internationaler Bedeutung« bei der Ausübung von Wassersport besondere Rücksicht. Diese Gebiete dienen als Lebensstätte seltener Tier- und Pflanzenarten und sind daher besonders schutzwürdig.
5. Benutzen Sie beim Landen die dafür vorgesehenen Plätze oder solche Stellen, an denen sichtbar kein Schaden angerichtet werden kann.
6. Nähern Sie sich auch von Land her nicht Schilfgürteln und der sonstigen dichten Ufervegetation, um nicht in den Lebensraum von Vögeln, Fischen, Kleintieren und Pflanzen einzudringen und diese zu gefährden.
7. Laufen Sie im Bereich der Watten keine Seehundbänke an, um Tiere nicht zu stören oder zu vertreiben. Halten Sie mindestens 300 bis 500 Meter Abstand zu Seehundliegeplätzen und Vogelansammlungen und bleiben Sie hier auf jeden Fall in der Nähe des markierten Fahrwassers. Fahren Sie hier mit langsamer Fahr-

NATUR- UND UMWELTSCHONUNG

Holzauenlandschaften sind nicht zu betreten, es können sich gefährliche Moore darin verbergen.

ZEHN GOLDENE REGELN

Leiten Sie keine Abwässer in die Seen und Kanäle.
Die Tierwelt und die Schwimmer danken es Ihnen.

stufe. (Selbstverständlich werden Sie im Binnenrevier keine Seehundbänke finden, falls doch, haben Sie sich massiv verfahren. Der Vollständigkeit halber gehört diese Regel jedoch dazu.)
8. Beobachten und fotografieren Sie Tiere möglichst nur aus der Ferne.
9. Helfen Sie, das Wasser sauber zu halten. Abfälle gehören nicht ins Wasser, insbesondere nicht der Inhalt der Chemietoiletten. Diese Abfälle müssen genauso wie Altöle an den bestehenden Sammelstellen in Häfen abgegeben beziehungsweise entsorgt werden. Benutzen Sie in Häfen selbst ausschließlich die sanitären Anlagen an Land. Lassen Sie beim Stilliegen den Motor Ihres Bootes nicht unnötig laufen, um die Umwelt nicht zusätzlich durch Lärm und Abgase zu belasten.

NATUR- UND UMWELTSCHONUNG

10. Machen Sie sich diese Regeln zu eigen und informieren Sie sich vor Ihren Fahrten über die für Ihr Fahrtgebiet bestehenden Bestimmungen. Sorgen Sie dafür, dass diese Kenntnisse und Ihr eigenes vorbildliches Verhalten gegenüber der Umwelt auch an die Jugend und vor allem an nichtorganisierte Wassersportler weitergegeben werden.

■ Schmutzwasser und dessen Entsorgung

Die modernen Charteryachten sind alle mit einem Schmutzwassertank ausgestattet, der in Yachthäfen und Marinas mit einer Schmutzwasser-Absauganlage geleert werden kann. Somit wird der Verschmutzung der großräumig noch intakten und daher besonders attraktiven Gewässer, auf denen Hausbooturlaub mit der Charterbescheinigung erlaubt ist, ein wirksamer Riegel vorgeschoben. Um eine Geruchsbelästigung durch den Schmutzwassertank auszuschließen, empfehlen wir Ihnen, den Tank unabhängig vom Füllstand alle drei Tage abpumpen zu lassen. Die Service-Mitarbeiter in den Marinas sind auf die schnelle, geruchsfreie und saubere Entsorgung der Fäkalientanks vorbereitet. Da sich die Liste der Yachthäfen und Marinas mit Schmutzwasser-Absauganlagen ständig erhöht, fragen Sie Ihren Vercharterer vor dem Losfahren nach geeigneten Abpumpstationen.

■ Flüssiggasanlagen und ihr Einsatz

Der vorwiegend eingesetzte Brennstoff für Herd, Backofen und vielleicht auch Heizung an Bord von Charteryachten ist Propangas. In den meisten Marinas besteht die Möglichkeit, Gasflaschen auszutauschen. Wenn sie mit dem Umgang mit Flüssiggas nicht so geübt sind, dann lassen Sie im Bedarfsfall die Flasche durch einen Service-Mitarbeiter der Marina tauschen, in der Sie die Gasflasche erwerben.

Die neuen Gasherde sind sehr sicher und wartungsarm, die Kocher verfügen über Zündsicherung. Achten Sie dennoch darauf, dass bei abgestelltem Herd die Gasregler auf »Null« stehen. Bei der Einweisung durch Ihr Charterunternehmen wird Ihnen die Gasanlage ausführlich erklärt.

Bordausrüstung

Der unterschiedlichen Ausstattung einer Vielzahl von Charteryachten können wir mit diesem Kapitel nicht Rechnung tragen. Sie erhalten hier jedoch eine Kurzvorstellung der Grundausstattung, die bei vielen Ferienhausbooten weitestgehend einheitlich ist.

■ Instrumente

Zur elementaren Instrumentierung einer Charteryacht gehört am Innenfahrstand mindestens ein Drehzahlmesser, der Ihnen die Umdrehungen des Motors pro Minute anzeigt. Da es auf Charteryachten nur sehr selten Tachometer wie bei Autos gibt, zumal die Anzeige eines bei Booten »Logge« genannten Tachometers durch die Wasserströmung verfälscht wird, beschränken sich die Charterunternehmen im Regelfall auf Markierungen am Drehzahlmesser, die Ihnen eine ungefähre Geschwindigkeit anzeigen.

Je eine Kontrolllampe für den Öldruck, die Vorglühanzeige, die Wassertemperatur des inneren Motorkühlkreislaufes und die Ladefunktion der am Motor angebauten Lichtmaschine sowie Tankuhren für Treibstoff, Frischwasser und Schmutzwassertank und schließlich das Zündschloss zum Starten und Abstellen des Motors runden die Grundausstattung ab. Es kann bei älteren Charterschiffen noch der Fall sein, dass ein mechanischer Stoppzug am Steuerpult angebracht ist, der für die Motorabschaltung gezogen werden muss. Dieser Stoppzug muss sofort nach der Abschaltung des Motors wieder zurückgeschoben werden, da sonst der Motor nicht mehr anspringt, weil von diesem die Treibstoffzufuhr unterbunden wurde. Auch bei neueren Charterbooten ist der mechanische Stoppzug häufig noch vorhanden, dient aber nur der Notabschaltung des Motors, da bei Zurückdrehen des Zündschlüssels auf die Stellung »Null« der Motor automatisch stoppt. Bei Defekten am Motor oder den Nebenaggregaten ertönt ein unüberhörbarer Piepton. Sobald Sie diesen Warnton hören, stoppen Sie sofort den Motor, da ein kapitaler Motorschaden die Folge des Überhörens beziehungsweise Nichtbeachtens sein kann. Aus dem Auspuff des Hausbootes, der an der Außenseite des Rumpfes angebracht ist, muss ständig Wasser

BORDAUSRÜSTUNG

Instrumententafel Innenfahrstand.

austreten, da dies die Funktion des primären Kühlkreislaufes anzeigt. Tritt aus dem Auspuff kein oder nur sehr wenig Wasser aus, so ist mit hoher Wahrscheinlichkeit der Impeller der Förderpumpe defekt. Auch dieser Fehler macht ein sofortiges Abstellen des Motors erforderlich.

Dieselmotoren arbeiten mit einem entlüfteten, geschlossenen Einspritzsystem. Fahren Sie den Tank daher niemals leer, da dies eine Entlüftung der Kraftstoffanlage nach sich zieht.

Bei höherwertigen und daher meist teureren Charteryachten sind weitere Instrumente vorhanden, die Ihnen Ihr Charterunternehmen bei der Einweisung erklären wird. In Zweifelsfällen hilft aber auch ein Blick ins Bordbuch des gecharterten Hausbootes bzw. der gecharterten Yacht.

■ Bordelektrik/ Landstromanschluss

In Yachthäfen und Marinas befinden sich in den meisten Fällen Stromsäulen, an die Sie das Hausboot anschließen können, um die Bordbatterien zu laden. Der hohe Komfort auf modernen Hausbooten bedingt auch einen hohen Stromverbrauch. Heizung, Radio, Anlasser, Beleuchtung, Wasserpumpen und Co. benötigen zum Betrieb eine ganze Menge elektrische Energie. In den allermeisten Fällen ist die Starterbatterie elektrisch von den Verbraucherbatterien getrennt, was auch bei niedriger Batteriespannung im Verbrauchernetz den Start des Motors erlaubt. Nach einigen Stunden Motorlaufzeit erholen sich die Verbraucherbatterien wieder, da diese von

WASSERANLAGE

der Lichtmaschine geladen werden. Dennoch liegt der Stromverbrauch häufig über der Ladekapazität der Lichtmaschine, was bedeutet, dass Sie mehr Strom verbrauchen, als im Fahrbetrieb wieder nachgeladen wird. Deshalb sollten Sie spätestens nach zwei bis drei Tagen Ihr Ferienhausboot an eine Stromsäule anschließen. Nach einigen Stunden, am besten über Nacht, sind Ihre Batterien wieder randvoll und gewährleisten weiterhin ein voll funktionsfähiges Schiff.

Ein Stützpunktleiter eines großen Vercharterers berichtete uns, dass einmal ein Charterskipper nach fünf Tagen vor Anker an ein und derselben Ankerstelle telefonisch seiner Verwunderung darüber Ausdruck verliehen habe, dass er keinen Strom mehr hatte und nachts frieren musste, weil die Heizung ausgefallen war. Klar, die Heizung verbraucht neben Diesel oder Gas auch elektrische Energie für den Startvorgang und die Luft- oder Wasserumwälzpumpen. Deshalb achten Sie besonders in der Vor- oder der Nachsaison auf einen ausreichenden Batterieladezustand. Wenn Sie dann längere Zeit an einem Platz vor Anker liegen, starten Sie wenigstens den Motor und lassen diesen zwei Stunden täglich in etwas erhöhter Leerlaufdrehzahl laufen, damit der Generator in dieser Zeit die Verbraucherbatterien wenigstens etwas nachlädt.

■ Wasseranlage

In der Benutzung der Wasserhähne bedarf es kaum einer Umstellung, die meisten Charteryachten verfügen über Druckwassersysteme, in denen eine Pumpe Druck auf einen Wassertank ausübt. Dadurch fließt das Wasser wie gewohnt aus dem Wasserhahn. Einfachere Systeme betreiben einen kleine Pumpe in der Wasserleitung, was Sie an einem surrenden Geräusch nach dem Öffnen des Wasserhahns hören können. Da Ihnen nur ein begrenzter Frischwasservorrat zur Verfügung steht, empfiehlt sich ein sparsamerer Umgang mit dem Frischwasser als zu Hause. Nachtanken können Sie in Yachthäfen und Marinas, lassen Sie jedoch, bevor Sie den Tank auffüllen, etwas Wasser ablaufen, zumindest so lange, bis das Wasser richtig kalt wird. Das Frischwasser steht oft länger in den Rohren und Leitungen, die an der Oberfläche die Stegwassersäulen versorgen. Vom Wasserwerk bis zum Verbraucher kann das Frischwasser schon bis zu zwei Tage unterwegs sein. Ein weiterer Tag in sommerlicher Hitze, gut temperiert unter dem Steg eines Yachthafens, lässt die Keime sprießen. Deshalb unsere dringende Empfehlung zu der beschriebenen Vorgehensweise.

Ferner raten wir Ihnen, das Wasser mit einem silberionenhaltigen Mittel zu konservieren. Die Produkte von Certisil, Micropur oder Aquaclean erhalten Sie in kleinen Mengen bei Ihrem Vercharterer oder im Yacht- oder Campingzubehör und im Outdoor-Fachgeschäft. Da Sie nicht in allen Fällen davon ausgehen können, dass sich auch wirklich jeder Vornutzer Ihres Charterhausbootes ebenfalls um die Trinkwasserhygiene sorgte, empfehlen wir, das Wasser aus dem Bootstank nur zum Kochen und Spülen zu verwenden. Als Trinkwasser führen wir immer stilles Mineralwasser mit. Damit bereiten wir auch unseren Kaffee oder Tee. Nur im Ausnahmefall

BORDAUSRÜSTUNG

sollten Sie das Tankwasser des Hausbootes trinken, und dann auch nur, nachdem Sie es mindesten fünf Minuten lang abgekocht haben. Zwar werden die Tanks in regelmäßigen Intervallen gereinigt und desinfiziert, und die Charterfirmen geben sich wirklich Mühe, die Wassertanks rein zu halten. Dennoch ist gesunde Vorsicht hier die Mutter der Porzellankiste. Auch auf unserem Boot kippte im Jahrhundertsommer 2003 binnen weniger Tage der Frischwasservorrat biologisch um und wildes Leben entfaltete sich. Die Wassertemperatur von über 24 Grad Celsius in der Ostsee war einfach zu hoch, um dem Wasser die Entwicklung neuen Lebens zu verwehren. Ein Thema, welches uns ohne Umschweife zur nächsten Rubrik führt:

■ Bordtoilette

Auf allen Charteryachten kommen trotz ihrer unterschiedlichen Größe und Ausstattung ausschließlich zwei Toilettenarten vor, und zwar die aus dem Campingbereich bekannte Chemietoilette und Pump-WCs mit manueller oder elektrischer Betätigung.

Zuerst wenden wir uns den Chemie-Toiletten zu (allerdings, wenn wir ehrlich sind, nur, um uns kurz darauf mit Abscheu wieder von ihnen abzuwenden). Chemie-Toiletten sind aus Kunststoff gefertigt, und neigen bei Bürsteneinsatz zum Verkratzen, eine raue Oberfläche ist aber der ideale Nährboden für Einzeller und sonstige aromaverbreitenden und krankmachenden Kleinstlebewesen.

Die Entsorgung erfordert ein kräftige Statur, einen Magen aus Gusseisen und ein in jeder Hinsicht abgebrühtes Ekelempfinden. Es ist schon eine Kunst, den aromatisch ausgasenden Fäkaltank, dessen Odeur an ein Dixi-Klo erinnert, von der Toilettenschüssel zu trennen, ohne etwas vom Tankinhalt zu verspritzen. Diesen jedoch an einem schwülheißen Tag aus einem engen Sanitärraum über den Niedergang an Deck, von dort auf den Steg und nun noch zum Chemie-WC-Ausgießtisch zu schleppen, ohne sich dabei ins Hafenbecken zu übergeben, ist wahrhaft heroisch und zeugt von einer äußerst abscheuresistenten Natur des Entsorgers. (Meine Herren, meistens sind wir das). Deshalb schnell weg von Charterschiffen mit Chemie-WC. Unserer Meinung nach jedenfalls ist die Chemie-Toilette nur für Eignerboote mit immer den gleichen Benutzern und bei höchst sparsamem Gebrauch zu empfehlen. Auf einem Charterboot hat so etwas nichts zu suchen.

Die Pump-WCs sind im Aussehen an die heimische, vertraute Toilette angelehnt. Kratzfestes Porzellan und Wasserspülung sorgen unmittelbar für ein größeres Wohlbefinden, als es sich beim Anblick einer Chemie-Toilette einzustellen vermag. Nur die Bedienung ist anders als zu Hause. Die meisten Vercharterer setzen auf die bewährte manuelle Technik mit Handpumphebel. Diese Variante ist technisch robuster und zuverlässiger. Die elektrischen Systeme mit Zerhacker und Unterdruckpumpe neigen besonders bei sehr weichem Toilettenpapier zur Dienstverweigerung. (Merke: Nicht alles, was dem Hintern schmeichelt, ist auch gut für die Bordtoilette.)

Da der Spülvorgang in beiden Varianten nur sehr wenig Wasser erfordert, wird dem mechanischen Absaugen durch Vakuum oder dem elektrischen Abpumpen durch Zerhacker und Vakuum mit allem, was nicht in die Toilettenschüssel gehört, mehr zugemutet, als das System zu leisten vermag. Daher der Tipp: In eine Bordtoilette gehören nur menschliche Ausscheidungsprodukte und zwei Blatt Toilettenpapier, danach wird abgepumpt, dann dürfen wieder zwei Blatt Toilettenpapier zugefügt werden, bevor erneut abgepumpt wird, und so weiter, und so weiter. Bei manuellen Pumpensystemen gilt die Faustregel: Zehnmal den Pumpenhebel zum Absaugen betätigen, danach umschalten auf Nachspülen und wieder sechsmal pumpen.

■ Heizung

Es gibt nur zwei gute Heizungssysteme, die auf Booten zum Einsatz kommen. Das eine ist die Warmluftheizung, das andere die Warmwasserheizung, wie wir diese von zu Hause kennen. Die Treibstoffe können höchst unterschiedlich sein, Gas, Benzin, Diesel oder Petroleum kommen zum Einsatz, doch meist beschränken sich die Heizungen auf Charterbooten auf Gas- oder Dieselfeuerung. Die Dieselfeuerung hat den Vorteil, dass diese direkt aus dem Kraftstofftank gespeist wird, wodurch die Heizung sehr betriebssicher ist. Bei Gas kann es schon einmal passieren, dass frei nach Murphy in der kältesten Nacht des Charterurlaubs die Gasflasche leer wird und sich ein bibbernder Skipper in völliger Dunkelheit, zur Gasflaschenbox aufmachen kann, um die Gasflasche zu wechseln. So bleibt für den professionellen Einsatz nur die Dieselheizung übrig. Während

eine Diesel-Warmluftheizung schnell die Kajüte erwärmt, verwirbelt dieses System jedoch auch Staub, da die in der Heizung erhitzte Luft über ein Lüftungsrohr- und Ventilationssystem direkt in die Kajüte eingeblasen wird. Eine Warmluftheizung heizt deshalb schneller, sie ist leichter, aber auch lauter, da das Brennergeräusch nicht durch einen wassergefüllten Wärmetauscher gedämpft wird und die Ventilatoren noch zusätzlich Geräusche entwickeln.

Die Warmwasserheizung ist die Spitze der Bootsheizungen. Ein der Warmluftheizung vergleichbares Brennersystem heizt in diesem Fall nicht die vorbeiströmende Luft auf, sondern Wasser. Das wird durch Heizkörper gepumpt, und diese geben gleichmäßig und leise die Wärme an den Innenraum ab. Der Vorteil liegt darin, dass das Kühlwasser des Motors mit erwärmt wird und deshalb der Motor nie sehr kalt gestartet wird, was unsere Nasen beim morgendlichen Ablegen schont. Ferner heizt der betriebswarme Motor über die Abwärme seines Kühlwassers zugleich die Heizkörper in den Kajüten. Nachts ist die Diesel-Warmwasserheizung zwar auch etwas hörbar, doch ist sie deutlich leiser als eine Diesel-Warmluftheizung und erlaubt ein leichteres Einschlafen.

■ Kühlbox/Kühlschrank

Frische Lebensmittel müssen auch auf dem Charterboot kühl gehalten werden. Deshalb befinden sich auf den meisten Charteryachten Kühlboxen oder Kühlschränke. Die Benutzung ist unkompliziert und funktioniert genauso wie beim heimischen Kühlschrank.

Übersichtstafeln

Hausbootfahrpraxis

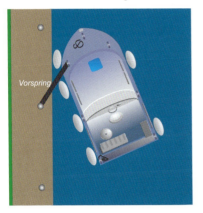

An- oder Ablegemanöver

Crew einteilen

Vor- und Achterleinen bereit halten.

Fender an der Anlegeseite ausgebracht

Bootshaken bereit

Fahren Sie langsam.
Stoppen Sie rechtzeitig auf.
Merke: "Es gibt nur zu schnell,
nie zu langsam."

Schleusen auf- oder abwärts

Crew einteilen

Vor- und Achterleinen bereithalten.

Fender an beiden Seiten ausbringen.

Bootshaken bereithalten.

Beachten Sie die Signale und befolgen Sie die Anweisungen des Schleusenpersonals.

Fahren Sie langsam in die Schleusenkammer.
Stoppen Sie rechtzeitig auf.

Achten Sie auf den Drempel am Obertor.
Der Drempel ist erkennbar durch eine gelbe Linie.

Leinen nicht belegen, sondern nur um die Poller oder Haltestangen an der Schleusenwand führen.

Schalten Sie den Motor aus.

Die Vor- und Achterleinen werden in der Hand geführt.

Halten Sie die Leinen dicht.

Beim Abwärtsschleusen geben Sie Leine nach.
Beim Aufwärtsschleusen ziehen Sie die Leinen dicht.

Fahren Sie nach Beendigung des Schleusenvorganges langsam aus der Schleusenkammer heraus.

Verkehrszeichen / Signale / Markierungen

 Vor dem Zeichen anhalten, bis Weiterfahrt freigegeben wird.

 Aus den Sportbootkarten läßt sich die Fließrichtung ablesen. Die Schleusentore stehen entgegen der Fließrichtung.

 Vor einer Schleuse: Vor dem Lichtzeichen anhalten, keine Einfahrt. Scheuse geschlossen oder Gegenverkehr.

 Talwärts: Achten Sie auf die Markierung.

© 2006 Britt Grünke

BRÜCKENDURCHFAHRTEN

Allgemeine Schallzeichen

●	1 kurzer Ton	etwa 1 Sekunde Dauer
▬	1 langer Ton	etwa 4 Sekunden Dauer

Signal	Töne	Bedeutung
●	1 kurzer Ton	Ich richte meinen Kurs nach Steuerbord / rechts.
●●	2 kurze Töne	Ich richte meinen Kurs nach Backbord / links.
●●●	3 kurze Töne	Meine Maschine geht rückwärts.
●●●●●●●	Folge sehr kurzer Töne.	Gefahr eines Zusammenstosses.
▬●	1 langer Ton, 1 kurzer Ton	Ich wende über Steuerbord / rechts.
▬●●	1 langer Ton und 2 kurze Töne	Ich wende über Backbord / links.
▬▬▬●	3 lange Töne, 1 kurzer Ton	Bei Ein- und Ausfahrt in von Häfen und Nebenwasserstraßen: Ich will meinen Kurs nach Steuerbord / rechts richten.
▬▬▬●●	3 lange Töne, 2 kurze Töne	Bei Ein- und Ausfahrt in von Häfen und Nebenwasserstraßen: Ich will meinen Kurs nach Backbord / links richten.
●●●●	4 kurze Töne	Ich bin manövrierunfähig.

Fahrwassertonnen

grüne Spitztonne
in Fliessrichtung
linke Fahrwasserseite

rote Stumpftonne
in Fliessrichtung
rechte Fahrwasserseite

rot - grün gestreifte runde Spaltungstonne

rot mit grünem Streifen stumpfe Mündungstonne

grün mit rotem Streifen spitze Mündungstonne

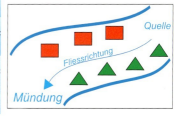

Manövrierunfähig

Nur bei Annäherung eines anderen Schiffes auf Kollisionskurs.
Tags: Eine rote Flagge oder Tafel, die im Halbkreis geschwenkt wird.

Ankern

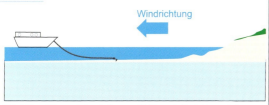

Bei 4 Meter Wassertiefe mindestens 12 Meter Ankerkette ausbringen.
Bei starkem Wind kontrollieren Sie stets, ob der Anker hält.

Brückendurchfahrten

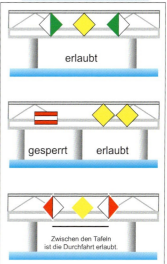

© 2006 Britt Grünke

ÜBERSICHTSTAFELN

Längsseits anlegen mit dem Hausboot

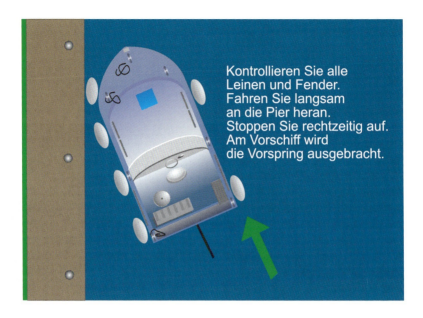

Kontrollieren Sie alle Leinen und Fender. Fahren Sie langsam an die Pier heran. Stoppen Sie rechtzeitig auf. Am Vorschiff wird die Vorspring ausgebracht.

Vorspring

Die Vorspring ist dicht. Drehen Sie das Ruder vom Land weg. Vorwärts einkuppeln. Das Heck dreht sich an die Pier.

© 2006 Britt Grünke

Eindampfen in die Spring

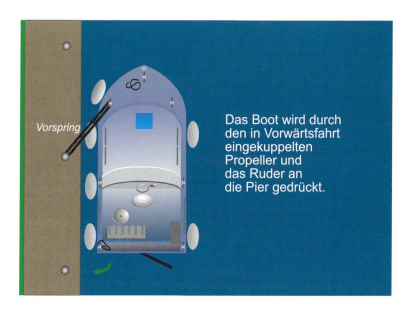

Vorspring

Das Boot wird durch den in Vorwärtsfahrt eingekuppelten Propeller und das Ruder an die Pier gedrückt.

Bringen Sie die Achterleine aus bevor Sie auskuppeln und den Motor abstellen.
Alle Leinen festmachen.

© 2006 Britt Grünke

ÜBERSICHTSTAFELN

Wenden mit dem Hausboot auf engem Raum

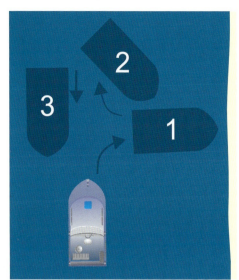

Ruder hart Steuerbord.
Vorwärts einkuppeln.

Auskuppeln / Gashebel neutral.

Ruder hart Backbord.
Rückwärts einkuppeln.

Auskuppeln / Gashebel neutral.

Ruder geradeaus.

Boje-über-Bord-Manöver

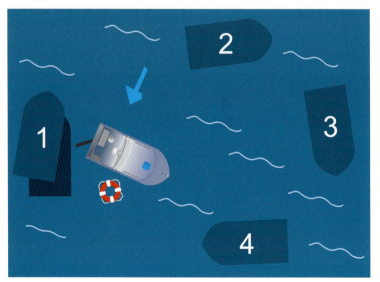

Das Boje-über-Bord-Manöver sollte täglich geübt werden.   © 2006 Britt Grünke

SCHLEUSEN

Schleusen am Beispiel Talfahrt

Achten Sie auf die Lichter vor der Schleusenkammer.

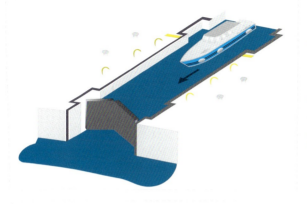

Schleuseneinfahrt:

- Einteilung der Crew
- Bootshaken und Leinen bereithalten

Fahren Sie langsam in die Schleuse ein. Stoppen sie rechtzeitig auf. Achten sie auf Markierungen und Anweisungen vom Schleusenpersonal.

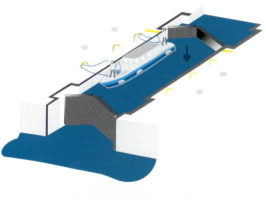

Leinen fieren = Leinen nachlassen

Die Crew legt die Bootsleinen um Poller oder Ringe. Die Leinen nie an den Schleusenpollern fest belegen. Die Crew hält die Taue in der Hand. Beachten sie, dass die Vor- und Achterleinen gespannt bleiben.

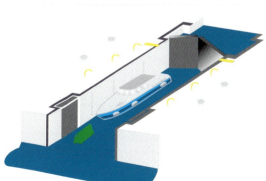

Schleusenausfahrt:

Wenn das Wasserniveau ausgeglichen ist, öffnet sich das Schleusentor.
-Alle Leinen lösen und aufklaren
Achten sie auf das grüne Lichtsignal.
Fahren sie langsam aus der Schleuse hinaus.

© 2006 Britt Grünke

Die schönsten Reviere für die schönsten Touren

**Andrea Raulf
Bootsferien in Belgien und Holland**
Die Reise führt durch Polderlandschaften im flämischen Küstenland, entlang von Deichen in Friesland und durch die weitverzweigten Kanäle der alten Städte.
176 Seiten, 71 Farbbilder, 58 Zeichnungen, 12 Karten
Bestell-Nr. 50397   **€ 16,–**

Andrea Raulf
Bootsferien in Frankreich
Essen, Trinken und Reisen bilden in Frankreich eine Einheit und die abwechslungsreiche Landschaft macht Bootsferien bei unserem Nachbarn zum Erlebnis.
168 Seiten, 59 Farbbilder, 58 Zeichn., 11 Karten
Bestell-Nr. 50396
€ 16,–

Andrea Raulf
Bootsferien in Deutschland Bd. 1
Wasserwege in Brandenburg und Mecklenburg-Vorpommern.
192 Seiten, 67 Farbbilder, 58 Zeichn., 12 Karten
Bestell-Nr. 50395
€ 16,–

Andrea Raulf
Bootsferien in Deutschland Bd. 2
Zwölf der schönsten Reviere Deutschlands.
192 Seiten, 42 Bilder, davon 30 in Farbe
Bestell-Nr. 50445
€ 16,–

IHR VERLAG FÜR MARITIM-BÜCHER

Postfach 10 37 43 · 70032 Stuttgart
Telefon (0711) 21 08 065 · Telefax (0711) 21 08 070
www.paul-pietsch-verlage.de

Stand Januar 2006
Änderungen in Preis
und Lieferfähigkeit vorbehalten